现代西班牙语

ESPAÑOL MODERNO

学生用书
Libro del Alumno

5

编 者：董燕生　刘 建
审 订：（古巴）Abel Rosales Ginarte
　　　　（西班牙）Nicolás Giménez Doblas

外语教学与研究出版社
北京

图书在版编目（CIP）数据

现代西班牙语学生用书 . 5 ／ 董燕生，刘建编 . —— 北京 ：外语教学与研究出版社，
2023.5（2023.11 重印）
（现代西班牙语系列）
ISBN 978-7-5213-4527-8

I . ①现… II . ①董… ②刘… III . ①西班牙语－高等学校－教材 IV . ①H349.39

中国国家版本馆 CIP 数据核字（2023）第 088859 号

出 版 人　王　芳
责任编辑　李欣欣
责任校对　美　仑
装帧设计　孙莉明
出版发行　外语教学与研究出版社
社　　址　北京市西三环北路 19 号（100089）
网　　址　https://www.fltrp.com
印　　刷　北京捷迅佳彩印刷有限公司
开　　本　787×1092　1/16
印　　张　15.5
版　　次　2023 年 5 月第 1 版 2023 年 11 月第 2 次印刷
书　　号　ISBN 978-7-5213-4527-8
定　　价　72.00 元

如有图书采购需求，图书内容或印刷装订等问题，侵权、盗版书籍等线索，请拨打以下电话或关注官方服务号：
客服电话：400 898 7008
官方服务号：微信搜索并关注公众号"外研社官方服务号"
外研社购书网址：https://fltrp.tmall.com

物料号：345270001

前　言

　　《现代西班牙语学生用书 5》适用于大学本科西班牙语专业三年级精读课。全书共 16 课。每周讲授一课，每周授课时间为 6 小时。

　　对于西班牙语专业学生来说，本科一、二年级为基础阶段，三年级进入提高阶段。因此，教材编写原则和内容也有所变化。

　　一、由于本科三年级增添了其他训练口头、笔头表达能力或翻译能力的课程，精读课不再是这方面任务的主要承载者，因此本册教材更加侧重提高学生的阅读理解能力。考虑到毕业生在未来的工作中会遇到文体不同、风格迥异、内容多样的书面资料，因此编者在本书的课文题材选择方面力图做到覆盖社会生活的不同领域。一方面增强学生对各类文本的解读能力，一方面提升他们身为当代人的文化素养。

　　二、文化素养的一个重要表现是思辨能力。培养学生的思辨能力贯穿于三年级精读课的教学活动中。只会鹦鹉学舌重复现成结论的人，很难应付纷纭多变的当代社会生活，更不用说从事错综复杂的国际交往工作了。因此，在教学过程中，应该努力唤起学生对这个问题的自觉性，使他们逐渐学会冷静地审视、分析各种观点，通过推理判断得出自己的结论。为达到这一目的，本册教材中增加了篇章阅读练习的比重，旨在培养学生分析内容、归纳信息、提炼观点的能力。口语练习则要求学生围绕某一话题发表自己的看法，目的是让学生不局限于空泛地赞同或反对别人的看法，而是能够说明自己怎样想，以及为什么这样想。

　　三、为培养学生的自我学习能力，本册教材各课只在课前预习板块中提供了西班牙语词汇表，要求学生根据课文确定词义。这一变化的原因有两个：1）由于涉及的概念越来越抽象、复杂，脱离上下文、一对一的词汇注释很难准确、到位，甚至适得其反，只会起到误导作用；2）促使学生尽快摆脱双语词典，尽可能多地使用原文词典，只有这样才能准确深入地理解词义。

　　四、在教材使用过程中，希望广大教师高度重视培养学生的语言理解能力、篇章分析能力、跨文化交流能力和自主学习能力。口头、笔头表达训练应围绕上述能力培养展开。建议课堂教学活动自始至终以对话和讨论的方式进行，尽量避免教师独白式的讲解。为提高课堂教学的互动性，充分的预习必不可少，因此要求学生在课前不仅要完成教材中标明的预习内容，而且应借助各种自我学习手段，比如查阅工具书和文献资料，完成篇章理解、词汇认知、语言知识总结、作者观点点评等任务，做到带着疑问和个人的想法进课堂，从第一课时起就与教师展开对话和讨论。

在本册教材的编写过程中，西班牙专家尼古拉斯·希门尼斯·多夫拉斯（Nicolás Giménez Doblas）审读了全书，提出了许多有益的建议和修改意见。对此我们表示衷心感谢。

由于编写水平有限，本册教材可能存在疏漏之处，恳请广大教师、学生批评、指正。

编　者

2023 年 5 月

缩略语表

缩略语	西班牙语全称	汉语名称
adj.	adjetivo	形容词
adv.	adverbio	副词
amb.	ambiguo	阴阳性同体
Amer.	americanismo	美洲用语
art.	artículo	冠词
conj.	conjunción	连词
Esp.	españolismo	西班牙用语
f.	femenino	阴性
ger.	gerundio	副动词
inf.	infinitivo	原形动词
interj.	interjección	感叹词
intr.	intransitivo	不及物动词
loc. adv.	locución adverbial	副词短语
loc. conj.	locución conjuntiva	连词短语
m.	masculino	阳性
n.	nombre	名词
num.	numeral	数词
pl.	plural	复数
p. p.	participio pasivo	过去分词
prep.	preposición	介词
prnl.	pronominal	代词式动词
pron.	pronombre	代词
s.	sustantivo	名词
tr.	transitivo	及物动词
v.	verbo	动词
v. cop.	verbo copulativo	系动词
v. imp.	verbo impersonal	无人称动词

GRAMÁTICA	RETÓRICA

- Oración impersonal
- La partícula multifuncional *SE*
- Conjunciones restrictivas (correctivas)

- Uso del subjuntivo
- Uso de "adverbio terminado en −mente + *adj*."

- Algo referente al lenguaje

- Contraste entre la presencia y la ausencia de *el*, *los*, *la*, *las*
- Función clasificadora y enfática de la forma *un/una*

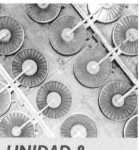

GRAMÁTICA	RETÓRICA

- Valores idiomáticos de las preposiciones

- Dos casos del uso del modo subjuntivo
- Los numerales fraccionarios
- El porcentaje

- Uso del condicional simple

- Uso del subjuntivo en oraciones de suposición y consecutiva

GRAMÁTICA	RETÓRICA

● Concordancia de tiempo: el uso hipotético del condicional simple

● Uso del pretérito perfecto

● La metáfora

● Significado de algunos prefijos

● Gerundio compuesto

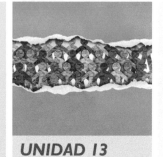

GRAMÁTICA	RETÓRICA

● Repaso de la oración unipersonal

● Repaso de los usos del condicional simple

● Artículo neutro *lo*

● Las interjecciones

UNIDAD
第一课
1

1 FUNCIÓN COMUNICATIVA

2 EJEMPLOS CON ALGUNOS VOCABLOS Y EXPRESIONES USUALES

infructuoso, sa; a no ser que; prematuro, ra; llamar la atención; acarrear; siempre que; abusar; estar a punto de; obvio, via; aspirar; prescindir; colmo

3 GRAMÁTICA

● Oración impersonal

● La partícula multifuncional *SE*

● Conjunciones restrictivas (correctivas)

TEXTO

El turista en México

(*El castellano de España y el castellano de América, Unidad y diferenciación*, Ángel Rosenblat, Asociación de Academia de la lengua Española, Madrid, 2018)

Un español, que ha pasado muchos años en los Estados Unidos lidiando infructuosamente con el inglés, decide irse a México, porque allá se habla el español, que es, como todo el mundo sabe, lo cómodo y lo natural. En seguida se lleva sus sorpresas. En el desayuno le ofrecen *bolillos*. ¿Será una especialidad mexicana? Son humildes panecillos, que no hay que confundir con las *teleras*, y aun debe uno saber que en Guadalajara los llaman *virotes* y en Veracruz *cojinillos*. Al salir a la calle tiene que decidir si toma un *camión* (el camión es el ómnibus, la *guagua* de Puerto Rico y Cuba), o si llama a un *ruletero* (es el taxista, que en verdad suele dar más vueltas que una ruleta). A no ser que le ofrezcan amistosamente un *aventoncito* (un empujoncito), que es una manera cordial de acercarlo al punto de destino (una *colita* en Venezuela, un *pon* en Puerto Rico). Si quiere limpiarse los zapatos debe recurrir a un *bolero*, que se los va a *bolear* en un santiamén. Llama por teléfono, y apenas descuelga el auricular oye: «¡Bueno!», lo cual le parece una aprobación algo prematura. Pasea por la ciudad, y le llaman la atención letreros diversos: «Se renta», por todas partes (le recuerda el inglés *to rent*, y comprende que son locales o casas que se alquilan); «Ventas al mayoreo y menudeo» (lo de *mayoreo* lo entiende, pero le resulta extraño), «Ricas botanas todos los días» (lo que en España llaman *tapas*, en la Argentina *ingredientes* y en Venezuela *pasapalos*). Ve establecimientos llamados *loncherías*, *tlapalerías* (especie de ferreterías), *misceláneas* (pequeñas tiendas o quincallerías) y atractivas *rosticerías* (conocía las *rotiserías* del francés, pero no las *rosticerías* del italiano). Y un cartel muy enigmático: «Prohibido a los materialistas estacionar en lo absoluto» (los *materialistas*, a los que se prohíbe de manera absoluta estacionar allí, son en ese caso los camiones, o sus conductores, que acarrean *materiales* de construcción). Lo invitan a ver el *Zócalo*, y se encuentra inesperadamente con una plaza, que es una de las más imponentes del mundo. Pregunta por un amigo, y le dicen: «Le va muy mal. Se ha llenado de drogas». Las *drogas* son las deudas y, efectivamente, ayudan a vivir, siempre que no se abuse. Le dice al chofer que lo lleve al hotel, y le sorprende la respuesta:

—Luego, señor.

—¡Cómo luego! Ahora mismo.

—Sí, luego, luego.

Está a punto de estallar, pero le han recomendado prudencia. Después comprenderá que *luego* significa «al instante». Le han ponderado la exquisita cortesía mexicana y tiene ocasión de comprobarlo:

—¿Le gusta la paella?

—¡Claro que sí! La duda ofende.

—Por si no tiene inconveniente, comemos una en la casa de usted.

No podía tener inconveniente, pero le sorprendía que los demás se convidaran tan sueltos de cuerpo. Encargó en su hotel una soberbia paella, y se sentó a esperar. Pero en vano, porque también los amigos lo esperaban a él, *en la casa de usted*, que era la de ellos. La gente lo despedía: «Nos estamos viendo», lo cual le parecía una afirmación obvia, pero querían decirle: «Nos volveremos a ver». Va a visitar a una persona, para la que lleva una carta, y le dicen: «Hoy se levanta hasta las once». Es decir, no se levanta hasta las once. Aspira a entrar en el Museo a las nueve de la mañana, y el guardián le cierra el paso, inflexible: «Se abre hasta las diez» (de cómo en la vida se puede prescindir del antipático *no*). Oye con sorpresa: «Me gusta el chabacano» (el *chabacano*, aunque no lo parezca, es el albaricoque). Abre un periódico y encuentra títulos a tres y cuatro columnas que lo dejan atónito: «Sedicente actuario que comete un atraco» (el *actuario* es un funcionario público), «Para embargar a una señora actuó como un goriloide» (como un bruto), «Devolverán a la niña Patricia. Parecen estar de acuerdo los padres y los plagiarios» (los *plagiarios* son los secuestradores), «Boquetearon un comercio y se llevaron 10.000 pesillos» (*boquetear* es abrir un boquete), «Después de balaceados los llevaron presos» (la *balacea* es el tiroteo), «Se ha establecido que entre los occisos existía amasiato» (es decir, concubinato). Pero el colmo, y además una afrenta a su sentimiento nacional, le pareció el siguiente: «Diez mil litros de pulque decomisados a unos toreros». El *toreo* es la destilación clandestina o la venta clandestina, y *torero*, como es natural, el que vive del *toreo*.

Nuestro español se veía en unos apuros tremendos para pronunciar los nombres mexicanos: Netzahualcóyotl, Popocatépetl, Iztaccíhuatl, Tlainepantla y muchos más, que le parecían trabalenguas. Y sobre todo tuvo conflictos mortales con la *x*. Se burlaron de él cuando pronunció Méksico, respetando la escritura, y aprendió la lección:

—El domingo pienso ir a Jochimilco.

—No, señor, a Sochimilco.

Se desconcertó de nuevo, y como quería ver la tan ponderada representación del *Edipo Rey*, le dijo al *ruletero*:

—Al teatro Sola.

—¿Que no será Shola?

¡Al diablo con la *x*! Tiene que ir a Necaxa, donde hay una presa de agua y, ya desconfiado, dice:

—A Necaja, Necasa o Necasha, como quiera que ustedes digan.

—¿Qué no será a Necaxa, señor?

¡Oh sí, la *x* también se pronuncia *x*! No pudo soportar más y decidió marcharse. Los amigos le dieron una comida de despedida, y sentaron a su lado, como homenaje, a la más agraciada de las jóvenes. Quiso hacerse simpático y le dijo, con sana intención:

—Señorita, tiene usted cara de vasca.

¡Mejor se hubiera callado! Ella se puso de pie y se marchó ofendida. La *basca* es el vómito (claro que a él *le daban bascas*), y *tener cara de basca* es lo peor que le puede suceder a una mujer, y hasta a un hombre.

Nuestro español ya no se atrevía a abrir la boca, y eso que no le pasó lo que según cuentan sucede a todo turista que llega a tierra mexicana. Que le advierten en seguida: «Abusado, joven, no deje los velices en la banqueta, porque se los vuelan» (*abusado*, sin duda un cruce entre *avisado* y *aguzado*, equivalente a ¡ojo!, ¡Cuidado!; los *velices* son las maletas; la *banqueta* es la acera, y *se los vuelan*, bien se adivina). Nuestro español lió los petates y buscó refugio en mi tierra venezolana.

TAREAS QUE DEBE EFECTUAR EL ALUMNADO ANTES DE LA CLASE

I. **Consulte el diccionario español—español (o uno bilingüe en caso estrictamente necesario) para informarse de la acepción en que se usan en el texto los siguientes vocablos o grupos léxicos polisémicos y decir luego lo que significan en chino.**

lidiar	infructuosamente	ruleta
a no ser	en un santiamén	prematuro, ra
tapas	ferretería	zócalo
abusar	estallar	ponderar
exquisito, ta	soberbio, bia	obvio, via
inflexible	atónito, ta	embargar
bruto	concubinato	colmo
afrenta	decomisar	destilación
clandestino, na	apuro	conflicto
mortal	desconcertarse	agraciado, da

II. **Localice en un mapamundi los países y las ciudades a que se refieren los siguientes topónimos.**

México, Guadalajara, Veracruz, Puerto Rico, Cuba, Venezuela, Argentina

III. **Ponga en los espacios en blanco los regionalismos que corresponden a las siguientes voces del español internacional.**

1. panecillo: _____

2. autobús: _____

3. taxista: _____

4. limpiabotas: _____

5. limpiar o lustrar: _____

6. alquilar: _____

7. al por mayor: _____

8. al por menor: _____

9. en absoluto: _____

10. ahora mismo: _____

11. Nos volveremos a ver: _____

12. No me levanté hasta las diez: _____

EJEMPLOS CON ALGUNOS VOCABLOS Y EXPRESIONES USUALES

I. infructuoso, sa

A. *adj.*

1. Mis esfuerzos por introducir nueva metodología de enseñanza han resultado totalmente **infructuosos**.

2. Ya ves: no te han acarreado más que disgustos tus **infructuosos** intentos de convencer al director de que se implante en el colegio una pedagogía más acorde con las necesidades de nuestra época.

B. **infructuosamente** *adv.*

1. Tras haber tratado **infructuosamente** de conseguir alguna finación a su proyecto, los investigadores se vieron obligados a abandonarlo.

2. Se ha procurado mejorar la situación económica de la región, pero **infructuosamente**.

II.　a no ser que *loc. conj.*

1. **A no ser que** se les garantice oficialmente la seguridad de ese nuevo producto trangénico, no se disipará el recelo de los consumidores.

2. Le dije al médico que me negaría a tomar aquel antibiótico **a no ser que** me asegurase que no afectaría a mi sistema inmunológico.

3. Este suelo permanecerá estéril **a no ser que** se quite su salinidad.

III.　prematuro, ra *adj.*

1. Nos parecía **prematura** la decisión del gerente de invertir gran cantidad de dinero en un negocio sin previo estudio de su viabilidad.

2. Todo el mundo se lamentó de la **prematura** muerte del joven científico.

3. Es todavía **prematuro** tomar decisiones; hay que esperar que se confirme la noticia.

IV.　llamar la atención

1. La notable alteración ambiental **ha llamado la atención** de casi todos los gobiernos, que acababan por darse cuenta de la gravedad del problema.

2. Te **he llamado** continuamente **la atención** por la indolencia que muestras en el estudio, pero parece que no quieres hacerme caso.

3. Los amigos no hemos dejado de **llamarle la atención** a Marcelo por su desmedida afición al juego de azar, porque tememos que eso lo empuje a la perdición.

V.　acarrear *tr.*

1. Como no disponíamos ni de una minúscula carretilla para **acarrear** frutas y verduras, tuvimos que cargarlas en la espalda.

2. ¿Sabes cómo **acarreaban** los antiguos egipcios los enormes bloques de piedra para construir las pirámides?

3. Ya te previne desde un principio que tu intervención en el asunto te **acarrearía** disgustos. Y ya ves que tenía razón.

4. Me consuelo un poco pensando que afortunadamente no resulta demasiado grave el problema que nos **has acarreado** con tu imprudencia.

VI.　siempre que

A. *conj. temporal*

1. **Siempre que** viajaba a su pueblo natal, Fernando iba a visitar a sus amigos de la infancia.

2. **Siempre que** pasaba por aquel desfiladero, me topaba con algún labrador montado en mula.

B. *conj. condicional*

1. Nos decía que podíamos viajar por todos los países circundantes **siempre que** nuestros pasaportes estuvieran en regla.

2. Consintió en relatarnos sus impresiones sobre aquel país **siempre que** no las publicáramos en el periódico.

VII. abusar

A. *intr.*

1. En una cosa Berta solía mostrarse inflexible: no permitía que su marido **abuse** del alcohol.

2. El director de nuestra oficina es un tipo soberbio y déspota, con evidente tendencia a **abusar** de sus subalternos. Sin embargo, sabemos defendernos impidiéndoselo en la mayoría de los casos.

3. Nos ha desconcertado enormemente la noticia de que Mario, un chico aparentemente formal, **ha abusado** de varias mujeres.

B. **abuso** *m.*

1. Me quedé atónito al oír que en ese país no se consideraba un delito el **abuso** sexual.

2. ¡Pero eso fue un **abuso**! ¿Cómo pudo embargar tu propiedad el gobierno sin previo proceso judicial.

3. Es obvio que el **abuso** de la grasa en la comida les ha perjudicado la salud.

VIII. estar a punto de

1. Lo que dijo el bruto ese me pareció una afrenta intolerable y **estuve a punto de** darle una bofetada, pero mi amigo me agarró el brazo impidiéndome.

2. En aquel momento, todos los indicios mostraban que un violento conflicto internacional **estuvo a punto de** estallar. Pero sin saber cómo, la tensión disminuyó milagrosamente en un santiamén.

3. Al ver que la anciana **estaba a punto de** caer encima de una barra de hierro puntiaguda, me apresuré a apartarla del lugar.

IX. obvio, via *adj.*

1. Mira la expresión de angustia de tu amiga. Es **obvio** que se halla en un gran apuro.

2. Lo que acabas de decir es cosa **obvia**. Hasta un niño de tres años la sabe.

3. Me parece **obvio** el incoveniente si tú intervienes en ese asunto.

X. aspirar

A. *tr.*

1. —¿Cómo se llama el aparato que sirve para **aspirar** el polvo del suelo?

   —Aspirador o aspiradora.

2. El humo de segunda mano consiste en **aspirar** el humo de los fumadores y el que emite la colilla de un cigarrillo.

B. *intr.*

1. —**Aspire** hasta no poder más y contenga la respiración por un momento— me dijo el médico antes de auscultarme.

2. ¿A qué más **aspiras** si ya tienes todo lo que necesitas, e incluso lo que no necesitas?

3. Desde hace mucho la población de esa zona viene **aspirando** a la sustitución de los combustibles contaminantes por otras fuentes energéticas más limpias.

XI. prescindir *intr.*

1. Trabajé dos años en un islote carente de agua potable, en el que no se podía **prescindir** del suministro procedente del continente.

2. ¿Creen ustedes que podemos **prescindir** totalmente, en la actualidad, del carbón y petróleo, que siempre ha sido una importante fuente energética?

3. Todo el mundo sabía que en el equipo de investigación se podía **prescindir** perfectamente de Marcelo, burócrata soberbio e ignorante, que no servía sino para entorpecer el trabajo, pero nadie se atrevía a plantear el problema.

XII. colmo *m.*

1. Siendo ingeniero en jefe de la Central Nuclear, ¿cómo has podido mostrar tanta negligencia respecto al mantenimiento de los reactores? ¡Esto es el **colmo** de la irresponsabilidad!

2. A mitad del viaje, se nos agotó la gasolina y para **colmo**, se nos explotó una llanta delantera.

3. Debido a la prolongada sequía, dejó de funcionar la estación hidroeléctrica. Para **colmo**, se estropeó una gran parte de los paneles solares. Imagínense el desastre para la zona, que no contaba con otros suministradores de energía.

GRAMÁTICA

¿Recuerda todavía cómo se expresa la impersonalidad en español? Si no, repase, por favor, el módulo *Gramática* de la lección 15 del libro I.

Verá que la oración impersonal se forma de dos maneras:

1. Con el verbo conjugado en tercera persona plural;
2. Con el verbo conjugado en tercera persona singular, añadiendo la partícula *se*.

    1) Le ***han ponderado*** la exquisita cortesía mexicana, y tiene ocasión de comprobarlo.

    2) «Prohibido a los materialistas estacionarse en lo absoluto» (*los materialistas*, a los que ***se prohíbe*** de manera tan absoluta estacionar allí, son en este caso los camiones, o sus conductores, que acarrean materiales de construcción).

Pero, a lo mejor usted se ha fijado en una oración que aparece en el texto:

    3) Son humildes panecillos, que no hay que confundir con las teleras, y aun debe ***uno*** saber que en Guadalajara los llaman virotes y en Veracruz cojinillos.

Se trata de una variante de oración impersonal. Aquí el pronombre ***uno*** se refiere, en realidad al mismo hablante, quien, por modestia, prefiere evitar el un tanto petulante ***yo***, y opta por una forma de tercera persona. En algunos contextos, puede coincindir con las formas de humildad que se utilizan en chino tales como: " 本人，鄙人，在下 " y muchas otras, especialmente en chino antiguo.

Finalmente, cabe señalar un punto particular: la fórmula ***uno*** se emplea para ambos sexos. Es decir, sea hombre o mujer, al referirse a sí mismo con modestia, siempre dice ***uno***, en lengua culta o semiculta; ***una*** solo sale de la boca de una mujer poco instruida.

En las lenguas naturales, la relación entre forma y contenido es asimétrica casi siempre. Es decir, una misma forma puede vehicular diversos contenidos, o viceversa, un mismo contenido puede ser expresado en varias formas. La superusual partícula ***SE***, es uno de estos casos, de modo que para evitar errores en comprensión y expresión es necesario discernir concienzudamente sus diversas funciones teniendo en cuenta el contexto en que se use.

A continuación, le invitamos a hacer un ejercicio que consiste en analizar la función de esta partícula usada en las siguientes oraciones, gran parte de las cuales son del texto de esta lección:

    1) Si quiere limpiar*se* los zapatos debe recurrir a un bolero, que se los va a bolear en un santiamén.

2) *Se* ha llenado de drogas.

3) Los dos *se* miraron el uno al otro sin pronunciar palabra.

4) ¿No *se* reconocieron ustedes cuando *se* vieron?

5) Abusado, joven, no deje los velices en la banqueta, porque *se* los vuelan.

6) En seguida *se* lleva sus sorpresas.

7) Los materialistas, a los que *se* prohíbe de manera tan absoluta estacionar allí, son en este caso los camiones, o sus conductores, que acarrean materiales de construcción.

8) «*Se* renta», por todas partes (le recuerda el inglés *to rent*, y comprende que son locales o casas que *se* alquilan).

III. Conjunciones restrictivas (correctivas)

Son aquéllas con las que se introduce una salvedad en la aplicación o alcance de algo expresado en la oración principal.

1) Tendrá usted que tomar un taxi, *a no ser que* alguien se ofrezca para llevarlo en su coche.

Existen otras variantes como: *a menos que, excepto que, salvo que.*

2) No vendré esta tarde *a menos que* os ocurra algo muy urgente.

3) Se lo consiento todo, *excepto que* fume.

4) Los llevaré a esa zona desértica, *salvo que* cambien de idea.

TAREAS QUE SE EFECTÚAN EN CLASE

01–01

I. Escuche la grabación y conteste a las preguntas.

II. Parafrasee el significado de la parte en cursiva de las siguientes frases.

1. Un español, que ha pasado muchos años en los Estados Unidos *lidiando infructuosamente* con el inglés, decide irse a México...

   _____

2. ¿Será una *especialidad mexicana*?

   _____

3. Al salir a la calle tiene que decidir si toma un camión ... o si llama a *un ruletero (es el taxista, que en verdad suele dar más vueltas que una ruleta)*.

   _____

4. A no ser que le ofrezcan amistosamente un aventoncito (un empujoncito), que *es una manera cordial de acercarlo al punto de destino.*

_____

5. Llama por teléfono, y apenas descuelga el auricular oye: «¡*Bueno!*», *lo cual le parece una aprobación algo prematura.*

_____

6. Las drogas son las deudas y, *efectivamente, ayudan a vivir, siempre que no se abuse.*

_____

7. Está a punto de *estallar*, pero le han recomendado prudencia.

_____

8. —¿Le gusta la paella?

—¡Claro que sí! *La duda ofende.*

_____

9. No podía tener inconveniente, pero le sorprendía que los demás se convidaran *tan sueltos de cuerpo.*

_____

10. La gente lo despedía: «Nos estamos viendo», lo cual le parecía *una afirmación obvia*, pero querían decirle: «Nos volveremos a ver».

_____

11. Aspira a entrar en el Museo a las nueve de la mañana, y el guardián le cierra el paso, *inflexible...*

_____

12. Abusado, joven, no deje los velices en la banqueta, porque *se los vuelan.*

_____

III. Teniendo en cuenta el contexto, sustituya la parte en cursiva en cada oración por algún sinónimo que aparece en el texto.

1. Los vecinos de esa zona residencial *lucharon* _____ desesperadamente para que el gobierno les solucionase la escasez del agua potable.

2. Traté de convencer *inútilmente* _____ a mi amigo de que abandonase su absurdo proyecto.

3. Si quieres reparar esa máquina tienes que *echar mano de* _____ otro tipo de herramientas.

4. ¿No os parece demasiado *apresurada* _____ la decisión de iniciar ahora mismo la exploración de esa zona desértica?

5. El barco se iba hundiendo irremediablemente y era evidente que todos los pasajeros acabarían por perecer en pleno océano, *a menos que* _____ acudiese milagrosamente en ese momento un equipo de rescate.

6. A mí me *chocó* _____ la indolencia que mostraba esa gente frente al sufrimiento ajeno.

7. Roberto nunca se había imaginado que el nuevo cargo que desempeñaba le *causara* _____ tanto dolor de cabeza.

8. Los padres prometieron a su hijo que *cada vez que* _____ hiciera algo meritorio recibiría una recompensa.

9. La profesora me aseguró que *bastaba con que* _____ me esforzase un poco más aprobaría todos los exámenes.

10. No estoy en contra de que dediques algún que otro tiempo al esparcimiento, pero tampoco hay que *excederse* _____.

11. Es *evidente* _____ que tu intervención en la disputa la ha complicado todavía más.

12. Para atravesar esa zona selvática no pueden ustedes *privarse de* _____ cierto equipamiento.

IV. Busque en el texto todas las oraciones impersonales, explique cómo están formadas y finalmente traduzca al español las oraciones que se dan a continuación.

1. 餐馆的人给我们上了一道菜，据说是当地特色。可我一点儿也不喜欢，味道怪怪的。

2. 你知道当时一般采取什么方法解决这类问题吗？

3. 公共场所禁止吸烟。

4. 当时还不知道要使用什么车辆运输这么多建筑材料。

5. "你的手机太高级了！哪儿买的?"
   "别人送的。"

6. 发现那家伙态度非常恶劣，我差点儿发飙。不过有人事先劝我要谨慎行事，所以我当时忍住了。

7. 游客们终于见识了那个国家特有的被人称道的细致周到的礼数。

8. 我问 Aitor 为什么心情不好，他说有人冒犯了他。

9. 对于他们要做的我不反对，不过有个困难他们必须想到。

10. 真没想到！居然有人给咱们订了这么好的海鲜饭当午餐！

V. Busque en el texto las oraciones en las que se usa la partícula *SE*, explique su función gramatical en cada caso y finalmente traduzca al español las oraciones que se dan a continuación.

1. 米粒和沙粒混在一起了，很难把它们分开。
2. 在西班牙人们说"搭轿车"，但在墨西哥却说"乘小车"。
3. Mariana 和 Dania 刚认识不久，不过已经很要好了。
4. 在墨西哥，字母 x 有不同的发音，面对这种情况，那位西班牙游客不知所措。
5. 哎，孩子们，嘲笑一位残障人士很不好。
6. 我明白，你外甥说这话完全是好意，是为了让人对他有好感。
7. 那些防空洞是战争期间建造的。
8. 起初，那小孩不敢靠近小狗。
9. 这些东西可遇不可求。
10. 你知道人类学博物馆几点开门吗？

VI. Conjugue los infinitivos que están entre paréntesis en el tiempo y la persona correspondientes, o en formas no personales.

Todo el mundo _____ (saber) que, cuando el Príncipe Azul _____ (despertar) a la Bella Durmiente, tras un sueño de cien años, _____ (casarse) con ella en la capilla del castillo y, _____ (llevar) consigo a la mayor parte de sus sirvientes, la _____ (conducir), montada a la grupa de su caballo, hacia su reino. Pero, _____ (ignorar, yo) por qué razón, casi nadie _____ (saber) lo que _____ (suceder) después. Pues bien, este _____ (ser) el verdadero final de aquella historia.

El reino donde _____ (nacer) el Príncipe, y del que era heredero, _____ (estar) muy _____ (alejarse) del de su esposa. _____ (Tener, ellos) que atravesar bosques, paraderas, valles y aldeas. Allí por donde ellos _____ (pasar), las gentes, que _____ (conocer) su historia, _____ (salir) a su paso y les _____ (obsequiar) con manjares, vinos y frutas. Así, _____ (ir) tan _____ (abastecerse) de cuanto _____ (necesitar), que no tenían ninguna prisa por llegar a su destino. No es de extrañar, pues aquel _____ (ser) su verdadero viaje de novios y _____ (estar) tan _____ (enamorarse) el uno del otro, que no _____ (sentir) el paso del tiempo.

(*El verdadero final de la Bella Durmiente, Narrativa del siglo XX en lengua castellana*,
Ana María Matute, pp.11-12, Espasa Calpe, Madrid, 1999)

01—02

VII. **Escuche la grabación y luego haga un resumen oral.**

VIII.Escriba una composición acerca de las dificultades que ha encontrado en el aprendizaje de lenguas, teniendo en cuenta lo que ha escuchado en el texto del ejercicio VII.

IX. **Temas de debate.**

1. Hable sobre las diferencias dialectales del español dentro de la misma España.

2. Hable sobre las diferencias del español peninsular y el latinoamericano.

3. Hable sobre las diferencias regionales del español latinoamericano.

UNIDAD 2
第二课

1 FUNCIÓN COMUNICATIVA

2 EJEMPLOS CON ALGUNOS
VOCABLOS Y EXPRESIONES
USUALES

cruzar(se); mediante; conservar; someter(se);
cuanto; ofrecer(se); reparar; prolongar;
ascender; ganar(se); recuperar(se); carácter

3 GRAMÁTICA

● Uso del subjuntivo

● Uso de "adverbio terminado
en −mente + *adj*."

Recuerdos de periodista

(Fragmento adaptado del artículo del mismo título, Ignacio Vidal-Folch,
Cuadernos hispanoamericanos, 1 de octubre de 2018)

Aparece a la vuelta de la esquina de Casanova y Mallorca, sereno y perfectamente adaptado al paisaje urbano barcelonés, César López Rosell, en compañía de su mujer y de un niño que debe de ser su nieto. Van hablando y César no me ha visto, ni yo tenía nada que decirle, y así nos hemos cruzado de manera casual. ¿Pero qué hacía este cumplido periodista a media mañana de un día laborable, de paseo por el Ensanche en vez de estar en la redacción de *El Periódico*, dirigiendo el área de Cultura y Espectáculos como lo ha hecho durante muchos años? Ah, ya caigo: han pasado las décadas, está jubilado y de ahí esa actitud apacible y no estar presionado por las horas. Ya es otro marino que perdió la gracia del mar.

Y pensar que este señor más corpulento que delgado, de mediana estatura, que ya no cumplirá setenta años, que conserva el mismo pelo lacio, solo que ahora es entrecano, y la misma barba, pero ahora desigual, al pilotar con sacrificio y aplomo el operativo Carreras dio un ejemplo de profesionalidad y me regaló una de esas lecciones inolvidables de periodismo.

Cuando conocí a César López Rosell, yo tenía el empleo más detestado de la profesión y, a la vez, el más exaltante, si sabías entender su grandeza: era editor —una palabra elegante para un trabajo de corrector con amplios poderes de decisión—.

El horario de trabajo de los editores empezaba cuando el de los redactores estaba concluyendo, hacia las siete de la tarde, y se prolongaba en horas de actividad cerebral diabólicamente intensa e inmovilidad física casi permanente ante el ordenador hasta la una de la noche. Era una labor anónima, al servicio de los redactores, y trabajábamos sometidos a una gran presión de tiempo, y el horario era difícilmente compatible con la vida familiar. Los periodistas nos compadecían o nos detestaban por todo eso. En definitiva, nuestro trabajo era poco menos que de galeotes. Así que era casi imposible salir de esa sección y trasladarse a otra por bien que lo hiciésemos y, en este sentido, cuanto más competente fueses era peor, ya que, como nadie quería hacerlo, nadie se ofrecía voluntario, y, en el peor caso de que alguien masoquista se ofreciese, era un trabajo un poco especializado, que exigía determinados conocimientos que no todos tenían, y no había a quien pasarle los remos.

César López Rosell, que era un hombre lento, irrumpió un buen día de verano de 1987 en la redacción como un ciclón poniéndolo todo patas arriba, con sus informaciones sobre la gravísima enfermedad de un tenor muy querido por los melómanos locales. Un tenor joven, guapo, talentoso, simpático, Josep Carreras, al que le habían diagnosticado un cáncer sanguíneo, enfermedad cuyo solo nombre espanta, de la que intentaba salvarse mediante una operación de autotransplante de médula ósea, a vida o muerte, en el hospital Fred Hutchinson Cancer Research Center de Seattle. El instinto periodístico de César López Rosell lo llevó a seguir este asunto con una tenacidad que no se detenía en sacrificios, y así empezaron a llegar a la pantalla de mi ordenador, para que yo las corrigiera, sus crónicas enviadas desde Seattle, de donde iba y venía incesante, sin reparar en gastos ni conceder tregua a su cansancio, con tanta frecuencia que se ganó con facilidad la confianza y la amistad de los parientes y amigos de Carreras, se hizo familiar para médicos y enfermeros del hospital, y así enviaba cada día las últimas noticias sobre el peligroso empeoramiento o la alentadora mejoría del paciente, quien, gracias a las crónicas del periodista, se convirtió en una figura mucho más popular de lo que ya era, ascendiendo a la categoría de tótem venerable.

En aquel entonces yo no comprendía aquella lluvia de noticias sobre Carreras enfermo, sobre aquel fatigoso cruzar el Atlántico de César, y luego atravesar el gran continente americano hasta la orilla del océano Pacífico, para estar dos o tres días en Seattle y, a renglón seguido, volver a Barcelona; en fin, aquel goteo incesante de noticias que se prolongó durante largos meses, coronados por el feliz resultado de la intervención y con la salvación del tenor tan querido. No creía que aquel asunto mereciese tanto esfuerzo y tanto dinero gastado en billetes de avión y habitaciones de hotel.

Hoy, sin embargo, sí comprendo la grandeza profesional de aquella aventura y supongo que aquellos reportajes de César caían como bombas sobre las redacciones de los demás periódicos de la ciudad, que no habían sabido percibir a tiempo el potencial emotivo de la enfermedad y la lucha de Carreras contra la muerte: cuando quisieron reaccionar, se dieron cuenta de que César les había tomado ya una delantera inalcanzable.

Esta es una de las características del periodismo cuando trata un tema del que tendrá que ir informando de manera secuencial: que el primero que llega gana. Cuando la competencia quiere recuperar el terreno perdido, a lo mejor aportando al caso más recursos humanos y económicos, el otro, el adelantado, ya ha encontrado materia virgen, nueva, que, por pequeña que sea, basta para mantener a los demás detrás, como la tortuga de Zenón a la liebre. Es normal que, en casos como este, la redacción del periódico celebre los éxitos de un compañero que dan notoriedad y buena reputación al diario, y así es como un atardecer, uno de aquellos atardeceres uniformes, cuando ya Carreras estaba en la convalecencia posoperatoria, entró en la redacción César López Rosell: todos nos pusimos de pie y, de forma espontánea, le tributamos una salva de aplausos, que él recibió con una cara de sorpresa y cierto malestar, por una parte, por su carácter más bien serio y discreto, ya que no era de los que les gustan las fiestas sorpresa y, por otra, no estaba acostumbrado a que lo felicitasen, pues en las redacciones nadie suele elogiar a otro, salvo los aduladores.

TAREAS QUE DEBE EFECTUAR EL ALUMNADO ANTES DE LA CLASE

I. **Consulte en un diccionario de español preferiblemente monolingüe las acepciones de las siguientes palabras del texto o los grupos léxicos polisémicos y añada su significado en chino.**

cumplido, da	entrecano, na	aplomo
detestado, da	diabólico, ca	anónimo, ma
galeote	masoquista	remo
ciclón	melómano, na	tenor
médula	óseo, sea	reparar en
tregua	tótem	a reglón seguido
secuencial	convalecencia	espontáneo, nea
tributar	salva de aplausos	adulador, ra

II. **Lea las siguientes afirmaciones y marque con la V las correctas y la F, las erróneas de acuerdo con el texto.**

1. En la frase "... dirigiendo el área de Cultura y Espectáculos como lo ha hecho durante muchos años", el pronombre *lo* se refiere al área. ( )

2. La frase "que ya no cumplirá setenta años" significa que César López Rosell ha fallecido antes de cumplir los setenta años. ( )

3. En la frase "... trasladarse a otra por bien que lo hiciésemos y...", el pronombre *lo* se refiere a nuestro trabajo. ( )

4. En la frase "... de la que intentaba salvarse mediante una operación de autotransplante de médula ósea", el sujeto del verbo *intentaba* es Josep Carreras. ( )

5. En la frase "con tanta frecuencia que se ganó con facilidad la confianza y la amistad de los parientes y amigos de Carreras", el sujeto de *se ganó* es la confianza y la amistad. ( )

III. **¿Qué significan las alusiones o metáforas que se leen en el texto?**

1. Ya es otro marino que perdió la gracia del mar.

_____

2. actividad cerebral diabólicamente intensa

_____

3. Nuestro trabajo era poco menos que de galeotes.

_____

4. No había a quien pasarle los remos.

_____

5. ... irrumpió ... en la redacción como un ciclón poniéndolo todo patas arriba...

_____

6. lluvia de noticias

_____

7. goteo incesante de noticias

_____

8. ... aquellos reportajes de César caían como bombas sobre las redacciones de los demás periódicos...

_____

9. Cuando la competencia quiere recuperar el terreno perdido...

_____

10. ... como la tortuga de Zenón a la liebre

_____

EJEMPLOS CON ALGUNOS VOCABLOS Y EXPRESIONES USUALES

I. cruzar(se)

A. *tr.*

1. La madre le dijo a la niña que le diese la mano cuando **cruzara** la calle.

2. Admiro a los que **cruzaron** los océanos en busca de nuevas tierras.

3. Era increíble que tuviera que **cruzar** media ciudad para hacer un mero trámite.

B. *prnl.*

1. **Me cruzo** con él todos los días en la cafetería.

2. Todo el mundo parece **cruzarse** de brazos ante los cientos de inmigrantes que mueren en altamar.

3. La batalla se libró en un pueblo de gran valor estratégico, donde **se cruzaban** varias vías ferroviarias.

II.　mediante *prep.*

1. El poder económico de un país se mide **mediante** un complicado sistema de estadísticas.
2. Normalmente este tipo de proyectos se adjudican **mediante** licitaciones públicas internacionales.
3. Se tenderán cables de alta tensión **mediante** los cuales se suministra electricidad a los pueblos más apartados.

III.　conservar *tr.*

1. Si se renovara el sistema de riego por otro de rociadores, **se conservaría** mejor el agua.
2. Tenga en cuenta que la carne **se** debe **conservar** en el frigorífico, con una temperatura de 0 a 5 grados.
3. Se informa a los ciudadanos del robo de un Tiziano que **se conservaba** en la iglesia desde hacía cincuenta años.
4. Los lingüistas demostraron que en el dialecto de esta región **se conservan** rasgos fonéticos del chino antiguo.
5. ¿Crees que se podría **conservar** las frutas en lata sin ningún adictivo?

IV.　someter(se)

A. *tr.*

1. Sería necesario **someter** la vacuna a más pruebas antes de comercializarla.
2. La reforma laboral que **fue sometida** a votación se aprobó gracias al error que cometió un diputado al votar sí en vez de no.
3. Los europeos **sometieron** a los indígenas a una colonización de doscientos años.

B. *prnl.*

1. Los que estén propensos a diabetes deberían **someterse** a una dieta más rígida.
2. No está bien que **os sometáis** siempre a la voluntad de los niños.
3. No todo el mundo podría soportar las duras pruebas a las que **se han sometido**.

V.　cuanto

A. *pron.*

1. A pesar de los años, recuerdo **cuanto** pasó aquella noche.
2. El muy ingenuo se creyó **cuanto** le decían.
3. Aportó **cuanto** tenía en la mano para ayudarnos. No tengo palabras para agradecérselo.

B. *adj.*

1. Vuelva **cuantas** veces quiera. Esta es su casa.

2. Son pocas las investigaciones sobre el tema. Lee **cuantas** tesis o monografías caigan en tus manos.

3. No se preocupen. Atenderemos **cuantos** pacientes lleguen a la consulta.

C. **cuanto más (menos)..., más (menos)...**

1. **Cuanto mejor** juegan los futbolistas, **más** ovaciones y aplausos reciben por parte del público.

2. No sé qué me pasó esos días. **Cuanto más** dormía, **más** sueño tenía.

3. Normalmente, **cuantos más** recursos se invierten, **mejor** resultado se obtiene.

4. Es natural que **cuantos menos** errores cometas, **más** posibilidades tengas de aprobar.

VI.   ofrecer(se)

A. *tr.*

1. **Ofrecemos** un seguro a todo riesgo para que no tenga que preocuparse de nada.

2. ¿En la reunión **ofrecieron** todo su apoyo a las víctimas?

3. El presidente de la Asociación **ofrecerá** esta noche un banquete en vuestro honor.

B. *prnl.*

1. ¿Te ofreciste a participar en el concurso de fotografía?

2. Un joven se nos acercó y **se ofreció** a acompañarnos al lugar de la reunión.

3. El ingeniero **se ofreció** a facilitarles esos datos sin saber que eran confidenciales.

VII.   reparar

A. *tr.*

1. Me **repararon** el móvil en una tienda especializada.

2. De momento no se puede **reparar** el coche porque no hay repuestos.

3. Mi padre es un manitas, puede **repararlo** todo.

4. Nada de lo que hagas puede **reparar** el daño que has hecho.

B. *intr.*

1. La educación es una inversión para el futuro, no se debe **reparar** en gastos.

2. Hemos de proteger el medio ambiente a toda costa sin **reparar** en las dificultades.

3. No **reparó** en que le estaban siguiendo hasta que fue demasiado tarde.

VIII.   prolongar *tr.*

1. **Prolongamos** el plazo de inscripción hasta el 16 de febrero.

2. Es cierto que van a **prolongar** esta línca, pero está previsto para más adelante.

3. Si fuera yo, no estaría de acuerdo con **prolongar** la vida de una persona por medio de una asistencia artificial.

IX.   ascender *tr.*

1. La pareja **ascendió** hasta la cumbre del Qomolangma, no una sino dos veces en su vida. ¡Es increíble!

2. En verano, la temperatura máxima podría **ascender** a más de 40 grados.

3. Se estima que, con la nueva política de estímulo, la economía **ascenderá** un 2 % aproximadamente.

4. El equipo con el que juega el Real Madrid esta noche **ascendió** a la primera división el año pasado.

5. Es un escándalo que hayan **ascendido** al puesto de gerente general a un tipo sin mérito alguno.

X.   ganar(se)

A. *tr.*

1. Si **ganaras** solo un sueldo mínimo, sería muy difícil que llegaras a fin del mes.

2. Es una falta de cortesía preguntar a una persona cuánto **gana** salvo que seáis muy conocidos.

3. El equipo rojiblanco **ganó** su segundo campeonato en cinco años, el mayor éxito de su historia.

4. Tras un partido muy reñido, la selección femenina de fútbol de China **ganó** a República de Corea por 3 a 2.

B. *prnl.*

1. **Te has ganado** mi confianza, sigue así y llegarás muy alto.

2. ¡Vaya día! **Nos hemos ganado** un merecido descanso.

3. La gente **se gana** la vida como puede en esta región.

XI.   recuperar(se)

A. *tr.*

1. La mujer se echó a llorar de la emoción al **recuperar** el anillo que había perdido.

2. Mi ordenador se estropeó, pero afortunadamente pude **recuperar** todos los datos.

3. La monarquía española intentó **recuperar** en vano su poder en las colonias latinoamericanas.

4. No te puedes imaginar cuánto me costó **recuperar** la confianza en mí mismo después de aquel estrepitoso fracaso.

B. *prnl.*

1. A pesar de la ayuda internacional, el país no acabó de **recuperarse** de la crisis financiera.

2. «No te preocupes. No tardarás en **recuperarte**». Dijo el médico a su paciente.

3. Tardamos un cuarto de hora en **recuperarme** de la conmoción que nos causó la noticia.

XII.　carácter *m*.

1. Mi gata tiene un **carácter** muy tranquilo.

2. La nueva política se puso en marcha con **carácter** inmediato.

3. Date cuenta que no se trata de un problema de **carácter** económico, sino político.

4. Mi jefe era un hombre de mucho **carácter**, era complicado tratar con él.

5. Muchos modismos chinos constan de cuatro **caracteres**.

GRAMÁTICA

I.　Uso del subjuntivo

En estructuras de *por* + *adj./adv.* + *que*..., se usa el subjuntivo. Así son las dos oraciones que leemos en el texto:

1) Así que era casi imposible salir de esa sección y trasladarse a otra *por bien que lo hiciésemos.*

2) ... ya ha encontrado materia virgen, nueva, que, *por pequeña que sea*, basta para mantener a los demás detrás.

Veamos otros ejemplos:

3) Hay que corregir todos los errores, *por pequeños que sean*.

4) *Por valiosa que pudiera parecer la propuesta*, no la podríamos aceptar.

5) *Por mucho que lo intentes,* no lo convencerás.

6) Es demasiado trabajo. Así que *por mucho que nos esforcemos*, no podremos terminar antes del viernes.

II.　Uso de "adverbio terminado en –mente + *adj*."

Un adverbio terminado en –mente que antecede a un adjetivo expresa el grado, la amplitud o la densidad:

1) Aparece a la vuelta de la esquina de Casanova y Mallorca, sereno y *perfectamente adaptado* al paisaje urbano barcelonés...

2) ... y se prolongaba en horas de actividad cerebral *diabólicamente intensa*...

3) Se trata de una política *ampliamente aceptada* entre los consumidores jóvenes.

4) Varios artistas *mundialmente famosos* fueron galardonados en el festival.

TAREAS QUE SE EFECTÚAN EN CLASE

02–01

I. **Escuche la grabación y conteste a las preguntas relacionadas con el contenido del texto.**

II. **Reconstruya las frases con la estructura *por (muy, mucho) + adv./adj. + que*.**

1. Dada la situación actual, dudo que, aunque te empeñes, lo disuadas de rectificar nada.

   _____

2. Ya os advertí que, aunque intentarais, no conseguiríais vuestros objetivos, porque eran demasiado ambiciosos.

   _____

3. Según la paradoja de Zenón, la liebre nunca alcanzaría a la tortuga independientemente de cuán mínima fuera la distancia.

   _____

4. Cualquier persona, sin importar qué famosa es, tiene que ser respetuoso y tener un comportamiento cívico.

   _____

5. El conferenciante alentó a la audiencia a denunciar todo tipo de violencia de género, aunque fuera muy leve.

   _____

6. Como yo no sabía nada de griego, independientemente de cuán lento hablaran, no entendía nada de lo que decían.

   _____

7. Curiosamente, el perrito podía encontrar el camino de regreso, independientemente de cuán lejos estaba de casa.

   _____

8. Nos pusimos nerviosos cuando nos dimos cuenta de que, aunque gritáramos muy fuertes, nadie nos oiría.

   _____

9. Nos dimos cuenta de que era necesario construir lo antes posible una red nacional de carreteras, aunque resultara muy costoso.

_____

10. Estaban decididos a llevar a cabo la misión de exploración antes de finales del año, aunque fueran muy duras las condiciones.

_____

III. Traduzca al español las siguientes oraciones.

1. 鸟类的出现是全球公认判定一个地区环境质量好的指标。
2. 当时采取了一系列措施打击学术领域相当普遍的抄袭之风。
3. 如果贵司能够向我们提供某种形式的担保，我们将不胜感激。
4. 一些原则的存在是确保一个国家政府的信誉所必需的，对此我完全同意。
5. 当时，我们的产品用不到五年的时间就在西班牙这个竞争非常激烈的市场站住了脚，这是很大的成就。
6. 当时绝对没有想到那两个国家在地区安全问题上采取了完全对立的立场。
7. 对我公司来说，能够和巴塞罗那足球俱乐部这样世界闻名的足球队合作是极大的荣幸。
8. 我们访问那个国家时，它正因为城市犯罪率居高不下而声名狼藉。
9. 众所周知，一个企业的形象和它的信誉密切相关。
10. 他们向我们强调，他们使用的质量标准在世界贸易组织成员中被广泛认可。

IV. Complete las oraciones con las siguientes palabras.

ascender   carácter   conservar(se)   cruzar(se)   cuanto   ganar(se)   mediante
ofrecer(se)   prolongar   recuperar(se)   someter(se)   reparar(se)

1. Es una falta de educación _____ de piernas cuando se está sentado en una reunión de _____ oficial.
2. Si se quiere _____ el tiempo de uso, se aconseja _____ (lo) en lugar seco y fresco.
3. Tras _____ a un nuevo tratamiento terapéutico, Susana acabó _____ de la gastroenteritis aguda.
4. Nos enteramos de que la policía _____ _____ un sofisticado sistema de rescate el cuerpo de la niña que había caído en un pozo dos semanas atrás.
5. Sin duda alguna, el mestizaje constituye el _____ más llamativo de esta cultura, cuyas pruebas arqueológicas _____ en el museo nacional.

6. El que _____ al puesto de gerente general puede _____ hasta el triple de su sueldo actual.

7. El portavoz del Ministerio de Asuntos Exteriores _____ una rueda de prensa en que alertó de que Taiwán es una de las líneas rojas que no se puede _____.

8. Aquellos que _____ como voluntarios de la Feria Internacional de Turismo _____ a unas pruebas de inglés.

9. _____ más protegidos estén los animales, menos capacidades de supervivencia tendrán.

10. _____ más modesto y discreto seas, más fácilmente _____ el respeto de tus compañeros.

11. El gobierno prometió facilitar _____ recursos fueran necesarios para _____ los daños que habían sufrido los damnificados de la erupción del volcán.

12. _____ una nota por escrito, el presidente electo llamó a trabajar unidos a favor del progreso social, sin _____ en diferencias étnicas, religiosas, sociales, de edad o de género.

V. Traduzca al chino las siguientes oraciones del texto.

1. Recuerdos de periodista

2. Ah, ya caigo: han pasado las décadas, está jubilado y de ahí esa actitud apacible y no estar presionado por las horas. Ya es otro marino que perdió la gracia del mar.

3. Cuando conocí a César López Rosell, yo tenía el empleo más detestado de la profesión y, a la vez, el más exaltante, si sabías entender su grandeza: era editor —una palabra elegante para un trabajo de corrector con amplios poderes de decisión—.

4. Así que era casi imposible salir de esa sección y trasladarse a otra por bien que lo hiciésemos y, en este sentido, cuanto más competente fueses era peor, ya que, como nadie quería hacerlo, nadie se ofrecía voluntario, y, en el peor caso de que alguien masoquista se ofreciese, era un trabajo un poco especializado, que exigía determinados conocimientos que no todos tenían, y no había a quien pasarle los remos.

5. Hoy, sin embargo, sí comprendo la grandeza profesional de aquella aventura y supongo que aquellos reportajes de César caían como bombas sobre las redacciones de los demás periódicos de la ciudad, que no habían sabido percibir a tiempo el potencial emotivo de la enfermedad y la lucha de Carreras contra la muerte.

6. Cuando la competencia quiere recuperar el terreno perdido, a lo mejor aportando al caso más recursos humanos y económicos, el otro, el adelantado, ya ha encontrado materia

virgen, nueva, que, por pequeña que sea, basta para mantener a los demás detrás, como la tortuga de Zenón a la liebre.

VI. Marque con √ la opción entre paréntesis que considere correcta.

Escribía Almudena Grandes en *La madre de Frankestein* que había construido una novela de ficción sobre hechos (verdaderas; reales). Preparaba esas historias recopilando biografías en las que los historiadores no (habíamos reparado; habíamos considerado). El sueño republicano, la guerra de exterminio, el terror y el crimen (organizado; institucionalizado). Y frente a los vencedores todopoderosos siempre estaban los vencidos, las mujeres que (insistían; resistían), que no doblaban la rodilla, que sobrevivían tragándose su pasado.

Con la narrativa de Almudena decenas de miles de lectores han conocido la historia de España del siglo XX. Sus personajes, principales y (secundarios; mediocres), nunca eran (neutrales; neutros) y en ese retrato (del carácter; de la naturaleza) humano/a la historia avanzaba hacia adelante y hacia (atrás; detrás) con policías y militares represores, la resistencia armada y las redes de cómplices y delatores.

El (país; Estado) de terror franquista transformó la sociedad española e inundó la vida cotidiana de prácticas coercitivas y de castigo. (Mantener; Conservar) en la cárcel durante tanto tiempo a tantos prisioneros, torturarlos, dejarles morir de hambre era el castigo necesario para los (vencedores; vencidos).

Con sus relatos generó un espacio de debate sobre la necesidad de (arreglar; reparar) esas injusticias. Muchos de sus lectores se tuvieron que preguntar por qué esas historias de muerte y humillación (se habían escondido; se habían ocultado). Y conocieron a sus verdugos. Porque escribió miles de páginas para (reservar; preservar) y transmitir la memoria de esas víctimas después de tantos años de (vergonzosa; avergonzada) marginación.

(Antes del; Frente al) olvido de muchos, Almudena (eligió; escogió) el camino de indagar en ese pasado de atropellos. Lo hizo con arte, con un conocimiento ejemplar dc los resortes de la obra narrativa. Y con belleza. Descansa en paz, amiga.

(Fragmento de *Almudena Grandes: vencedores y vencidos*, Julián Casanova,
El País, el 28 de noviembre de 2021)

VII. Conjugue los infinitivos entre paréntesis en tiempos y personas correspondientes, o en formas no personales adecuadas.

Desde su publicación en 1971, *Las Venas Abiertas de América Latina* del escritor uruguayo Eduardo Galeano, _____ (transformarse) en un clásico de la izquierda latinoamericana.

En la obra, el autor analiza la historia del continente: la explotación económica y la dominación política a la que _____ (ser) _____ (someter), desde la colonización europea hasta los años setenta, época de su publicación. Esto, en el contexto de la Guerra Fría y cuando _____ (ponerse) en marcha la era de las dictaduras militares en América Latina.

El libro _____ (ser) tan _____ (identificar) con las ideologías revolucionarias y de izquierda que _____ (ser) _____ (proscribir) de Chile, Brasil y Uruguay mientras estos países _____ (permanecer) bajo el yugo dictatorial. Galeano _____ (estar) preso en su país tras el golpe de 1973 y después, obligado a exiliarse.

Cuarenta años después, Galeano confiesa que "no _____ (ser) capaz de leerlo de nuevo. _____ (Caer) _____ (desmayarse)". Así lo dijo durante una visita a Brasil el mes pasado, donde _____ (participar) en la Segunda Bienal del Libro en Brasilia. "Para mí, esa prosa de la izquierda tradicional _____ (ser) aburridísima. Mi físico no _____ (aguantar).", dijo el autor en una rueda de prensa recogida por Agencia Brasil.

El episodio demuestra que Galeano _____ (asumir) un tono más mesurado para analizar el maniqueísmo político de otrora. "En todo el mundo, experiencias de partidos políticos de izquierda en el poder a veces _____ (ser) correctas, a veces no, y en muchas ocasiones _____ (ser) _____ (demoler) porque _____ (estar) correctas, lo que _____ (dar) margen a golpes de Estado y dictaduras militares, con crímenes horrorosos cometidos en nombre de la paz social y del progreso", dijo el escritor. "En otras ocasiones, la izquierda _____ (cometer) errores muy graves."

Las Venas Abiertas de América Latina _____ (publicarse) cuando Galeano _____ (tener) 31 años. "[*Las Venas Abiertas*] _____ (intentar) ser una obra de economía política, solo que yo no _____ (tener) la formación necesaria", valora. "No _____ (arrepentirse, yo) de haberlo escrito, pero es una etapa que, para mí, _____ (estar) _____ (superarse)".

(Fragmento de *No volvería a leer Las venas abiertas de América Latina*, Marina Rossi, *El País*, 5 de mayo de 2014)

02–02

VIII. Escuche la grabación y haga un resumen oral.

IX. Temas de debate.

1. ¿Qué cualidades de César López Ripoll valora usted más? ¿Por qué?

2. ¿Cómo reaccionaría usted si sus compañeros le elogiaran?

UNIDAD 3
第三课

Pedagogía alternativa

(Adaptación de *Los colegios se rebelan*, Nacho Carretero, *El País*, 21 de junio de 2017)

Han surgido en España colegios que no tienen asignaturas ni libros de texto. Los profesores y los alumnos se mueven entre aulas y se mezclan por edades.

"Aquí trabajamos con ámbitos, no con asignaturas". Lo explica en el laboratorio del colegio Ángel Serrano, director general del Padre Piquer. A él acuden alumnos a partir de 12 años, un desafío añadido en lo que a pedagogía alternativa se refiere. "Tenemos el ámbito socio-lingüístico y el matemático-científico. No tenemos asignaturas ni libros de texto, trabajamos con material digital, en grandes grupos de unos 60 alumnos y con tres o cuatro profesores. Llevamos a cabo proyectos y trabajos en los que el alumno tiene la iniciativa y el profesor le va guiando. Tienen un margen de libertad muy amplio, ellos deciden por dónde avanzan. Y encima con adolescentes, cuando lo habitual es que este tipo de metodología se implemente en educación infantil".

La atmósfera del colegio está lejos de la que un niño de los años 80 (ni hablar si nos retrotraemos más) sentía al entrar en su colegio. Mientras cruzamos el patio del colegio Padre Piquer, podemos ver a dos niñas pintando sobre sendos caballetes mientras otros chicos juegan al tenis y, de fondo, un tercer grupo completa un mural en una pared. Un ambiente renacentista en pleno barrio popular de Madrid.

En este tipo de centros nada parece un colegio. Las aulas son amplias, luminosas y están llenas de estímulos: libros, ordenadores, murales, pizarras, juguetes, un supermercado de plástico, fotografías, cámaras de vídeo, tablets, trípodes... Los niños se mueven de un espacio a otro, sin aparente orden ni concierto. Una profesora pasa descalza por el pasillo. Y, sin embargo, están trabajando. Están trabajando muchísimo. Cada chaval está en un proyecto y el profesor les va orientando y ayudando. Tienen que completar los proyectos de la misma forma que antes tenían que aprenderse la lección. Solo que la forma es muy distinta".

Echando un ojo en los alumnos se perciben niños y niñas llenos de energía, ansiosos por completar proyectos. "Sentar a un niño a las 9 de la mañana y pretender que te esté escuchando cinco horas es absurdo". Por eso, en este tipo de colegios, lo primero que hacen los alumnos al llegar es una hora y media de ritmo, movimiento y gimnasia. "Un niño de 6 años es puro movimiento. O los estimulamos o los medicamos en nombre de la hiperactividad para que estén seis horas sentados en silencio".

Una evolución que parece inevitable. El sistema de hace solo dos décadas ya no sirve para los niños del siglo XXI. Muchos padres imaginan la educación de sus hijos tal y como fue la suya, pero al igual que no es lo mismo ir al médico hoy que hace 40 años, tampoco la educación es igual. Los sistemas de nuestros padres no responden a las necesidades de los niños de hoy. Los centros con metodologías innovadoras son los que están mostrando menor tasa de absentismo escolar y menor fracaso. Eso significa que están funcionando.

TEXTO B

Aunque muchos de los avances tecnológicos actuales hayan replanteado la forma de enseñanza en el mundo, la importancia de la educación sigue siendo innegable de cara a la formación de los ciudadanos en el siglo XXI.

Una buena parte de los profesionales de este sector reclama desde hace años un cambio en los sistemas de enseñanza en todos los niveles, sobre todo si tenemos en cuenta que muchos de ellos son herederos de modelos basados en la autoridad y se diseñaron en contextos como la Revolución Industrial, cuando lo importante no era la calidad del aprendizaje sino la cantidad de los resultados.

Hoy, la educación exige un giro rotundo de sus métodos y herramientas, pues los alumnos habitan un mundo más dinámico, ágil y con múltiples posibilidades de proyección.

¿Cómo debe ser la educación del siglo XXI?

Nadie cuenta con una receta definitiva ni con una fórmula mágica. Cada lugar tiene necesidades educativas que deben ser cubiertas de manera específica. No obstante, sí pueden señalarse algunos rasgos que debería tener la educación del siglo XXI para que se convierta en un motor de desarrollo:

- Debe ser flexible y lo más alejada posible de modelos rígidos, pues el mundo cambia constantemente y es preciso que los niños y los jóvenes se adapten a nuevos contextos y circunstancias.

- Es necesario que promueva valores sociales como la igualdad, la justicia, la cooperación y la ayuda humanitaria, pues de esta forma se anima a los ciudadanos del mañana a ser motores de cambios estructurales y a tomar conciencia de las necesidades reales de su entorno.

- Debe insistir en el modelo de desarrollo sostenible como una meta a la que todos debemos contribuir. Los actos de las personas que en algunas décadas guíen los destinos del mundo no pueden obviar la sostenibilidad de la Tierra ni el cuidado de los recursos naturales

En último término, la importancia de la educación en el siglo XXI radicará en su capacidad para transmitir valores que nos ayuden a construir una sociedad más justa, igualitaria, dinámica y diversa, acudiendo a los diversos recursos tecnológicos que nos proporciona el mismo contexto.

(Extracto del informe de Comité Español de ACNUR, octubre de 2017)

TAREAS QUE DEBE EFECTUAR EL ALUMNADO ANTES DE LA CLASE

I. Consulte el diccionario español—español (o uno bilingüe en caso estrictamente necesario) para informarse de la acepción en que se usan en el texto los siguientes vocablos o grupos léxicos polisémicos y decir luego lo que significan en chino.

pedagogía	alternativo, va	pedagogía alternativa
ámbito	asignatura	desafío
material digital	proyecto	iniciativa
margen	encima	implementar
atmósfera	retrotraer	sendos
fondo	estímulo	concierto
echar un ojo	percibir	ansioso, sa
pretender	medicar	hiperactividad
desconfiado, da	responder	innovador, ra
tasa	absentismo	rotundo, da
rígido, da	obviar	

II. Parafrasee el significado de las siguientes oraciones.

1. A él acuden alumnos a partir de 12 años, un desafío añadido en lo que a pedagogía alternativa se refiere.

   _____

   _____

2. La atmósfera del colegio está lejos de la que un niño de los años 80 (ni hablar si nos retrotraemos más) sentía al entrar en su colegio.

   _____

   _____

3. Un ambiente renacentista en pleno barrio popular de Madrid.

   _____

4. Sentar a un niño a las 9 de la mañana y pretender que te esté escuchando cinco horas es absurdo.

_____

5. Por eso, en este tipo de colegios, lo primero que hacen los alumnos al llegar es una hora y media de ritmo, movimiento y gimnasia.

_____

_____

6. Un niño de 6 años es puro movimiento. O los estimulamos o los medicamos en nombre de la hiperactividad para que estén seis horas sentados en silencio.

_____

_____

7. Los centros con metodologías innovadoras son los que están mostrando menor tasa de absentismo escolar y menor fracaso.

_____

_____

III. Consulte un diccionario español—español para informarse de la diferencia de los siguientes vocablos y diga a qué conceptos chinos corresponden.

1. docencia
2. educación
3. enseñanza
4. pedagogía

EJEMPLOS CON ALGUNOS VOCABLOS Y EXPRESIONES USUALES

I. acudir

A. *intr.*

1. Los periodistas **acudieron** al laboratorio del científico para entrevistarlo.
2. El director le ordenó a Gonzalo que **acudiera** de inmediato a su oficina.
3. Los profesores entre universitarios, secundarios y primarios **acudieron** al Ministerio de Educación a reclamar un aumento de salario.

B. *intr.*

1. Has planteado un problema teórico referente a la pedagogía. ¿Por qué no **acudes** a un pedagogo?

2. Ya sé a quién **acudir** para conocer algo más sobre la metodología que debe aplicarse en la redacción de una tesis.

3. Te recomiendo **acudir** a la profesora Muñoz, que me parece persona idónea para orientarte en tu trabajo.

II.   al igual que *loc. adv.*

1. **Al igual que** cualquier otro experimento, la implantación de la pedagogía alternativa ha de sufrir sus reveses.

2. «Mamá, ya verás, obtendré otro excelente en matemáticas **al igual que** en otras asignaturas», dijo el niño a su madre.

3. En aquellos tiempos, **al igual que** a mí, a Fernando le gustaba acudir al bar que estaba enfrente al parque.

III.   a partir de *loc. adv.*

1. **A partir de** mañana, nos entregaremos por entero al trabajo para llevar a cabo nuestro proyecto.

2. Fue **a partir del** lunes pasado cuando la profesora Jiménez comenzó a orientarme en la redacción de mi tesis.

3. Todavía recuerdo el día en que el decano anunció que estudiaríamos con material digital **a partir del** semestre que viene.

IV.   en lo que se refiere a *loc. adv.*

1. **En lo que se refiere a** la educación infantil, mi prima tiene muchas experiencias.

2. ¿No tienen ustedes ninguna objeción que hacer **en lo que se refiere a** la metodología que se viene aplicando a la enseñanza de la lengua española?

3. **En lo que se refiere a** la atmósfera de Marte, creo que Jaime te puede decir algo. Es muy aficionado a la astronomía.

V.   funcionar *intr.*

1. Los padres de los niños matriculados en ese colegio se quedaron muy satisfechos al ver que **funcionaba** la pedagogía alternativa.

2. Estos días mi computadora **funciona** fatal. No sé qué problema tiene. Tú, que entiendes bastante de informática, ¿puedes echarle un vistazo?

3. Tuve que irme de aquella empresa, que **funcionaba** muy mal, debido a la incompetencia de los administradores.

VI. llevar a cabo

1. Os advierto de que el ambiente que reina dentro de equipo no es nada propicio para que **llevéis a cabo** vuestro proyecto.

2. Me daba la impresión de que en esa oficina se trabajaba sin aparente orden ni concierto, sin embargo, **se habían llevado a cabo** varias tareas complicadísimas.

3. Gracias a la colaboración entre todos, **hemos llevado a cabo** de forma satisfactoria la organización del ciclo de conferencias sobre la situación actual de América Latina.

VII. mostrar *tr.*

1. Los estudiantes **mostraron** gran curiosidad al saber que el visitante acababa de regresar del Antártico.

2. La niña **mostró** muy orgullosa a sus padres los cuadros que ella había pintado.

3. Acércate, Héctor, te voy a **mostrar** cómo se maneja este trípode.

VIII. orientar *tr.*

1. Sin un guía que los **oriente** en la selva amazónica, correrán grandes riesgos de perderse.

2. Muchas gracias, profesora López. Si usted no nos **hubiese orientado** en este trabajo, no habríamos podido completarlo en tan breve tiempo.

3. Julio era un técnico veterano que llevaba jubilado años. Sin embargo, seguía frecuentando el taller donde había prestado sus servicios para **orientar** a los novatos.

IX. percibir *tr.*

1. Irrumpí muy alegre en el aula para anunciar la buena noticia a otros compañeros, pero al **percibir** un ambiente de tensión, me detuve desconcertado.

2. Al salir del metro, los turistas **percibieron** en seguida un penetrante olor a pescado. Entonces supieron que estaba cerca el famoso mercado de productos marítimos.

3. Como el chico **percibió** cierto enfado en el tono de su padre, no se atrevió a plantearle su petición.

X. responder *intr.; tr.*

1. La pregunta que hiciste fue absurda, de modo que nadie se dignó **responderte**.

2. Es indignante que en los días laborales las oficinas administrativas no **respondan** a las llamadas de los ciudadanos.

3. Cada día más gente va siendo consciente de que el sistema educativo tradicional ya no **responde** a las necesidades de la sociedad contemporánea.

XI.　significar *tr.*

1. Profesor, ¿podría explicarnos brevemente lo que **ha significado** el Movimiento Renacentista para la humanidad?

2. Veo que tu trabajo no ha avanzado nada. Eso **significa** que no podrás entregármelo dentro de dos días.

3. Como el niño no entendía qué **significaba** la palabra *liberar*, la profesora trató de explicárselo desatando el perro atado al árbol. «¡Ah, ya! *Soltar el perro*», dijo el pequeño.

XII.　sin embargo *loc. adv.*

1. Evidentemente, la masificación de la cultura puede traer beneficios a cada día mayor número de sectores sociales. **Sin embargo**, también corre el riesgo de que se amplíe la cantidad a expensas de la calidad.

2. Yo no te reprocho porque quieras buscar algún que otro esparcimiento en horas libres. **Sin embargo**, ¿no te parece que es un exceso frecuentar esos lugares de dudosa fama?

3. Es totalmente justificable que la gente se procure entretenimientos fáciles y agradables para escaparse de su rutina temporalmente deprimente. **Sin embargo**, no se puede pasar por alto lo que significa eso a largo plazo: la propagación del conformismo por toda la sociedad.

GRAMÁTICA

Algo referente al lenguaje

Habrá usted observado que la gente no habla siempre de la misma manera, sino que cambia de modalidad según circunstancias. Por ejemplo, un profesor no se dirige a sus familiares con el mismo lenguaje que él utiliza al dictar una clase. Muchas expresiones que maneja un chico hablando con sus compañeros, muy raras veces aparecen en sus respuestas dadas en un examen. De acuerdo con la lingüística moderna, esas diferentes formas de habla se pueden clasificar, *grosso modo*, en lo que sigue, entre otras posibilidades:

Lenguaje   hablado — escrito

informal — formal

coloquial — culto

cotidiano — técnico

Hay una anécdota que puede servir para ilustrar esa diferenciación:

Un conjunto teatral está haciendo giras por diversos pueblos con una obra dramática. En uno de los actos, al levantar el telón, no se ve en el escenario nada más que un cuerpo inerte tendido en el suelo. En ese momento, aparece una persona de aspecto intelectual, quien, al toparse con el bulto, exclama asustado: **¡Dios mío, un cadáver!**

Pero un día, este actor se enferma. El director se ve obligado a contratar provisionalmente a un aldeano cualquiera para sustituirlo, ya que "¡Dios mío, un cadáver!" es lo único que tiene que decir. El hombre, muy ilusionado, se pone a ensayar reiteradamente repitiendo: ¡Dios mío, un cadáver!, ¡Dios mío, un cadáver! Sin embargo, cuando le toca actuar, se lleva un susto de verdad al pisar el cuerpo, "**¡Mierda, un muerto!**" es lo que le sale espontáneamente.

Evidentemente, **¡Dios mío, un cadáver!** pertenece a la modalidad culta, mientras que **¡Mierda, un muerto!** es lenguaje coloquial, e incluso vulgar.

En esta lección nos limitaremos a señalar algún que otro vocablo que aparece en el texto, pero de nivel elevado y de uso poco frecuente.

Retrotraer: Retroceder con la memoria a un tiempo o un hecho pasados. Por ejemplo: *Tomás se retrotrajo a los tiempos de la niñez.* La misma idea se puede expresar coloquialmente y con mayor frecuencia de esa manera: *Tomás recordó los tiempos de la niñez.* En cuanto a la oración aparecida en el texto: *La atmósfera del colegio está lejos de la que un niño de los años 80 (ni hablar si **nos retrotraemos** más) sentía al entrar en su colegio,* su sinónimo coloquial en este caso, puede ser **remontarse** (*si nos remontamos más*).

Sendos: Cada uno con lo suyo. *Se acercaron al señor presidente un niño y una niña con sendos ramos de flores.* En español moderno coloquial ya se dice cada día con mayor frecuencia: *Se acercaron al señor presidente un niño y una niña, cada uno con un ramo de flores.*

Normalmente en los diccionarios estos vocablos se especifican con las palabras *elevado, literario, restringido*, entre otras cosas.

TAREAS QUE SE EFECTÚAN EN CLASE

03–01

I. **Escuche la grabación y conteste a las siguientes preguntas relativas al contenido del texto.**

II. **Teniendo en cuenta el contexto, sustituya la parte en cursiva por alguna expresión sinónima.**

1. Aquí trabajamos con *ámbitos* _____, no con asignaturas.

2. *A él acuden* _____ alumnos a partir de 12 años.

3. *Llevamos a cabo* _____ varios proyectos muy interesantes.

4. El alumno *tiene* _____ la iniciativa y el profesor le va *guiando* _____.

5. Tienen un *margen* _____ de libertad muy amplio.

6. Y *encima* _____ con adolescentes, cuando lo *habitual* _____ es que este tipo de metodología *se implemente* _____ en educación infantil.

7. *La atmósfera* _____ del colegio *está lejos* _____ de la que un niño de los años 80 (ni hablar si nos retrotraemos más) sentía al entrar en su colegio.

8. *Mientras cruzamos* _____ el patio del colegio Padre Piquer, vimos a dos niñas pintando sobre sendos caballetes...

9. *Echando un ojo en* _____ los alumnos *se perciben* _____ niños y niñas llenos de energía, *ansiosos* _____ por completar proyectos.

10. Los sistemas de nuestros padres no *responden a* _____ las necesidades de los niños de hoy.

III. **Complete las siguientes oraciones utilizando las voces dadas a continuación en forma adecuada.**

acudir	*al igual que*	*a partir de*	*en lo que se refiere a*	*funcionar*
mostrar	*orientar*	*percibir*	*responder*	*significar*	*sin embargo*
llevar a cabo				

1. Admito que la ingeniería genética puede acarrear beneficios a muchos terrenos. _____, ¿qué sucederá si la aplican descontroladamente algunas empresas cuyos intereses económicos priman sobre la salud de los consumidores?

2. La gente acabó por captar lo que _____ el hecho de que algunas empresas químicas se interesaban en desarrollar plantas resistentes precisamente a los herbicidas que comercializaban ellas mismas.

3. El arqueólogo nos _____ unos fósiles de animales del periodo paleolítico superior ya extintos hace muchos miles de años.

4. Aquella leve alteración que _____ en las pinturas rupestres fue suficiente como para alertar a los expertos.

5. No recuerdo _____ qué año los turistas solo podían visitar la réplica de las cuevas de Altamira.

6. El técnico aseguró que los molinos de viento modernos _____ mucho más eficientemente que los tradicionales.

7. En la zona donde vivían mis padres se estaba _____ un ambicioso proyecto para explotar a lo máximo la energía solar.

8. _____ la energía, la eólica también es una fuente limpia y renovable.

9. Toda la familia de Pascal _____ en ayuda al padre, que tenía que efectuar unas operaciones aritméticas muy complicadas y laboriosas.

10. Necesitamos a alguien que nos _____ en nuestra investigación.

11. Es absurdo que traten de recurrir a una tecnología obsoleta que ya no _____ a las necesidades de la época.

12. _____ el mecanismo que hace funcionar este aparato, todavía necesito que me des explicaciones más detalladas.

IV. Sustituya con los sinónimos coloquiales los vocablos en cursiva teniendo en cuenta el contexto.

1. De este modo, sistemático y a la vez insensible, no aburrirse, evitar lo que perturba, preocupa y angustia, pasó a ser, para sectores sociales cada vez más amplios de la cúspide a la base de la pirámide social, un mandato generacional, el dios sabroso, regalón y frívolo al que todos, sabiéndolo o no, rendimos *pleitesía* desde hace por lo menos medio siglo, y cada día más.

2. Este criterio, proclive a las peores demagogias en el dominio político, en el cultural ha causado *reverberaciones* imprevistas, como la desaparición de la alta cultura, obligatoriamente minoritaria por la complejidad y a veces hermetismo de sus claves y códigos, y la masificación de la idea misma dc cultura.

3. Es verdad que los diarios y revistas más serios publican todavía reseñas de libros, de exposiciones y conciertos, pero ¿alguien lee a esos *paladines* solitarios que tratan de poner cierto orden jerárquico en esa selva *promiscua* en que se ha convertido la oferta cultural de nuestros días?

4. Para el hombre moderno, y según la sensibilidad de cada cual, supone asomarse al vértigo de la noche de los tiempos, a *la incógnita* de nuestro propio pasado como especie, a la obra genial de los primeros artistas que produjo el homo sapiens.

5. Hubo siempre algunos factores que los mantuvieron unidos aun en medio de las más *enconadas* guerras.

V. Ponga en la forma adecuada los infinitivos que están entre paréntesis, explique el significado de las paráfrasis verbales que hay en la oración y diga cómo se traducen al chino.

1. Con el buen resultado que ha dado ese colegio donde se aplica la pedagogía alternativa, _____ (ir, surgir) cada día mayor cantidad de escuelas similares en diversos países.

2. A pesar de ser un restaurante que comenzó a funcionar hacía apenas un par de semanas, su fama no tardó en difundirse por toda la ciudad. De modo que a él _____ (ir, acudir) cada vez más clientes.

3. Profesor, le agradecemos mucho. No habríamos podido llevar a cabo un proyecto tan complicado, si usted no nos _____ (ir, guiar) con tanta paciencia durante todo ese tiempo.

4. Aunque tanto el profesorado como el estudiantado no se acostumbren en un principio, estamos convencidos de que _____ (irse, implementar) la nueva metodología.

5. Me tranquilicé un poco al ver que la reformación de la casa _____ (ir, avanzar) aunque con lentitud y no pocos tropiezos.

6. Oigan niños: «¿No ven que la puerta es muy angosta? ¡_____ (Ir, salir) uno tras otro, por favor!».

7. El marido dijo a su esposa que mientras él _____ (ir, completar) la reparación del horno microondas, ella ya podía empezar a cocinar.

8. Las luces de los edificios _____ (ir, apagarse) cuando yo me acerqué a mi casa.

9. A pesar de la lesión cerebral que había sufrido la niña, los padres no perdían la esperanza de que _____ (ir, aprender) algunas cosas.

10. El médico ha advertido de que ese medicamento hay que _____ (ir, administrar) poco a poquito al paciente.

VI. Ponga los infinitivos que están entre paréntesis en tiempos y personas correspondientes, o en formas no personales.

Vine a Comala porque me (decir, *impersonal*) ＿＿＿＿＿＿ que acá (vivir) mi padre, un tal Pedro Páramo. Mi madre me lo (decir) ＿＿＿＿＿＿. Y yo le (prometer) ＿＿＿＿＿＿ que (venir) ＿＿＿＿＿＿ a verlo en cuanto ella (morir) ＿＿＿＿＿＿. Le (apretar) ＿＿＿＿＿＿ sus manos en señal de que lo (hacer) ＿＿＿＿＿＿, pues ella (estar) ＿＿＿＿＿＿ por morirse y yo en un plan de prometerlo todo. "No (dejar) ＿＿＿＿＿＿ de ir a visitarlo" me (recomendar) ＿＿＿＿＿＿, "(Llamarse) ＿＿＿＿＿＿ de este modo y de este otro. (Estar) ＿＿＿＿＿＿ segura de que le (dar) ＿＿＿＿＿＿ gusto conocerte." Entonces no (poder) ＿＿＿＿＿＿ hacer otra cosa sino decirle que así lo (hacer) ＿＿＿＿＿＿, y de tanto decírselo se lo (seguir) ＿＿＿＿＿＿ ＿＿＿＿＿＿ (decir) aun después que a mis manos les (costar) ＿＿＿＿＿＿ trabajo zafarse de sus manos muertas.

Todavía antes me (decir) ＿＿＿＿＿＿:

"No (ir) ＿＿＿＿＿＿ a pedirle nada. (Exigirle) ＿＿＿＿＿＿ lo nuestro. Lo que (estar) ＿＿＿＿＿＿ obligado a darme y nunca me (dar) ＿＿＿＿＿＿... El olvido en que nos (tener) ＿＿＿＿＿＿, mi hijo, (cobrárselo) ＿＿＿＿＿＿ caro."

"Así lo (hacer) ＿＿＿＿＿＿, madre."

Pero no ＿＿＿＿＿＿ (pensar, yo) cumplir mi promesa. Hasta que ahora pronto ＿＿＿＿＿＿ (comenzar) a llenarme de sueños, a darle vuelo a las ilusiones. Y de este modo ＿＿＿＿＿＿ (írseme) ＿＿＿＿＿＿ (formar) un mundo alrededor de la esperanza que era aquel señor llamado Pedro Páramo, el marido de mi madre. Por eso vine a Comala.

Era ese tiempo de la canícula, cuando el aire de agosto ＿＿＿＿＿＿ (soplar) caliente, envenenado por el olor podrido de las saponarias.

—¿Cómo dice usted que se llama el pueblo que se ve allá abajo?

—Comala, señor.

—¿Está seguro de que ya es Comala?

—Seguro, señor.

—¿Y por qué ＿＿＿＿＿＿ (verse) esto tan triste?

—＿＿＿＿＿＿ (Ser) los tiempos, señor.

Yo ＿＿＿＿＿＿ (imaginar) ver aquello a través de los recuerdos de mi madre; entre retazos de suspiros. Siempre ＿＿＿＿＿＿ (vivir) ella ＿＿＿＿＿＿ (suspirar) por Comala, por el retorno; pero jamás ＿＿＿＿＿＿ (volver). Ahora yo ＿＿＿＿＿＿ (venir) en su lugar. ＿＿＿＿＿＿ (Traer) los ojos con que ella ＿＿＿＿＿＿ (mirar) estas cosas, porque me ＿＿＿＿＿＿ (dar) sus ojos para ver: "＿＿＿＿＿＿ (Haber) allí, ＿＿＿＿＿＿ (pasar) el puerto de Los Colimotes, la vista muy hermosa de una llanura verde, algo amarilla por el maíz maduro. Desde ese lugar se ve Comala, blanqueando la tierra, _____ (iluminarla) durante la noche." Y su voz _____ (ser) secreta, casi apagada, como si _____ (hablar) consigo misma... Mi madre.

(*Pedro Páramo y el llano en llamas*, Juan Rulfo, pp.9-10,

Editorial Planeta, Barcelona, 2006)

03–02

VII. Escuche la grabación y luego haga un resumen oral.

VIII. Escriba una breve composición acerca del siguiente tema: ¿Cuáles son los puntos fuertes y débiles de la educación de la educación china según sus experiencias?

IX. Temas de debate.

1. Opine sobre el pro y la contra de la pedagogía alternativa de la que se habla en el texto.

2. Opine sobre las metodologías que se aplican en enseñanza y aprendizaje de lenguas que conoce.

UNIDAD 第四课 4

1 FUNCIÓN COMUNICATIVA

2 EJEMPLOS CON ALGUNOS VOCABLOS Y EXPRESIONES USUALES

competitividad; comprometer(se); elaborar; dominio; enfrentar(se); escritura; proyecto; reclamación; redactar; sobrevivir

3 GRAMÁTICA

● Contraste entre la presencia y la ausencia de *el*, *los*, *la*, *las*

● Función clasificadora y enfática de la forma *un/una*

La importancia de la escritura

(Adaptación de *La cocina de la escritura*, *Colección Argumentos*, Daniel Cassany, Anagrama, Barcelona, 1999)

La vida moderna exige un completo dominio de la escritura. ¿Quién puede sobrevivir en este mundo tecnificado, burocrático, competitivo, alfabetizado y altamente instruido, si no sabe redactar instancias, cartas o exámenes? La escritura está arraigando, poco a poco, en la vida cívica de la comunidad. Cualquier hecho requiere cumplimentar impresos, enviar solicitudes, plasmar la opinión por escrito o elaborar un informe, e incluso el trabajo de muchas personas (maestros, periodistas, funcionarios, economistas, abogados, etc.) gira totalmente o en parte en torno a documentación escrita.

En este contexto *escribir* significa mucho más que conocer el abecedario, saber "juntar letras" o firmar el documento de identidad. Quiere decir ser capaz de expresar información de forma coherente y correcta para que la entiendan otras personas. Significa poder elaborar:

- un currículum personal
- una carta para el periódico que contenga la opinión personal sobre temas como el tráfico rodado, la ecología o la xenofobia
- un resumen de 150 palabras de un capítulo de un libro
- una tarjeta para un obsequio
- un informe para pedir una subvención
- una queja en un libro de reclamaciones, etc.

En ningún caso se trata de una tarea simple. En los textos más complejos, como un informe económico, un proyecto educativo y una ley o una sentencia judicial, *escribir* se convierte en una tarea tan ardua como construir una casa, llevar la contabilidad de una empresa o diseñar una coreografía.

La formación que hemos recibido los autores y las autoras de estos textos es bastante escasa. La escuela obligatoria y el instituto ofrecen unos rudimentos esenciales de gramática que no pueden cubrir de ninguna manera las complejas y variadas necesidades de la vida moderna. Más allá, sólo estudios especializados de periodismo, traducción o magisterio contienen, y de forma más bien limitada, alguna asignatura suelta de redacción. Incluso los escritores potenciales de literatura creativa tienen que conformarse estudiando filología (que enseña más a leer que a escribir) porque no hay equivalente de Bellas Artes o del Conservatorio de Música en el campo de las letras.

En algunos casos esta carencia llega a comprometer el ejercicio profesional. Forma y fondo se interrelacionan de tal manera que los defectos de redacción dilapidan el contenido. ¿Cuántas veces has tenido que esforzarte para entender la letra pequeña de un contrato o de una ley, que se supone que deberíamos comprender con facilidad? ¿No te has encontrado nunca discutiendo el significado de ambigüedades no premeditadas en un documento? ¿Te has enfrentado alguna vez a artículos de reputados especialistas que, por la impericia de su prosa, resultan indigestos e incluso difíciles de comprender?

En general, la formación en escritura que la mayoría de usuarios poseemos es fragmentaria, o incluso bastante pobre. Lo prueba la larga lista de prejuicios de todo tipo que nos estorban. Muchas personas creen que los escritores *nacen*; que no se puede aprender a redactar; que no hay técnica ni oficio en la escritura y que, por lo tanto, no se puede enseñar ni aprender de la misma manera que un aprendiz de carpintero aprende a montar armarios. La escasa preceptiva que pueda conocerse se envuelve en una aureola de secretismo. Se acuñan y aplauden expresiones opacas como *estar inspirado* o *tener mucha maña*. Incluso la palabra *escritor/a* sugiere un misterio y un prestigio inmerecidos y se utiliza en un sentido muy distinto al de sus equivalentes *lector* o *hablador*: cualquier persona puede ser un lector, un hablador, pero... ¿a quién nos referimos cuando decimos de alguien que es *escritor*?

TEXTO B

La legibilidad

(Adaptación de *La cocina de la escritura*, *Colección Argumentos*, Daniel Cassany, Anagrama, 1999, Barcelona)

El concepto de *legibilidad* designa el grado de facilidad con que se puede leer, comprender y memorizar un texto escrito. El grado de legibilidad depende de factores lingüísticos objetivos y mesurables. Dicho *grosso modo*, un escrito de oraciones breves, palabras corrientes, tema concreto, etc., no presenta tantas dificultades como otro de frases largas y complicadas, incisos, poca redundancia, terminología poco frecuente y contenido abstracto.

Los dos fragmentos que siguen ejemplifican la aplicación de estos criterios. Se trata de dos explicaciones del concepto *dialecto*, la primera de un ensayo de difusión y la segunda de una enciclopedia:

La palabra dialecto es un término de uso diario y significa la variedad lingüística utilizada en una región geográfica determinada o por una clase social determinada. Los lingüistas a menudo hacen la distinción entre *dialectos regionales* y *sociales*. En teoría estos dos tipos de dialectos son distintos, pero en Gran Bretaña las dimensiones regionales y sociales están relacionadas. En pocas palabras, cuanto más se asciende en la escala social, menos variación regional se encuentra en el habla. Así, individios educados de la clase media alta de toda la isla hablan más o menos de la misma forma, con muy pocas diferencias de pronunciación. Pero los trabajadores agrícolas de Devon y Aberdeen, por poner un ejemplo, es posible que tengan considerables dificultades para entenderse. (Stubbs, 1976)

dialecto *m. Ling*: Cada una de las modalidades que presenta una lengua en las diversas regiones de su dominio, delimitadas por varias isoglosas, los hablantes de una de cuyas modalidades no tienen muchas de comprensión con los hablantes de las otras, aunque tienen conciencia de ciertas diferencias entre ellas. En el mundo griego, el término διαλεκτοζ siginficaba "conversación", "discusión", o "habla local" [...] Además de este concepto horizontal de dialecto existe otro vertical, el de **dialecto social** o sistema lingüístico de un grupo social determinado, de particularidades sobre todo léxico, sea con una finalidad esotérica (malhechores, facinerosos, etc.) o también formando parte de una lengua técnica o de grupo. (GEC)

TAREAS QUE DEBE EFECTUAR EL ALUMNADO ANTES DE LA CLASE

I. **Deduzca el significado de la palabra según su composición: prefijo, raíz y sufijo y confírmelo en el diccionario español—español.**

sobrevivir	tecnificado	competitivo
alfabetizado	cumplimentar	abecedario
xenofobia	contabilidad	coreografía
especializado	indefenso	filología
interrelacionar	premeditado	impericia
indigesto	usuario	fragmentario
prejuicio	secretismo	acuñar
inmerecido		

II. **Consulte el diccionario español—español (o uno bilingüe en caso estrictamente necesario) para informarse de la acepción en que se usan en el texto los siguientes vocablos o grupos léxicos polisémicos y decir luego lo que significan en chino.**

escritura	dominio	instruido, da
instancia	arraigar	cívico, ca
cumplimentar	impreso	plasmar
coherente	contabilidad	subvención
sentencia judicial	rudimento, ta	diseñar
coreografía	Conservatorio de Música	magisterio
potencial	ambigüedad	comprometer
dilapidar	impericia	premeditar
reputado, da	estorbar	indigesto, ta
prejuicio	aureola	oficio
preceptiva	inspirar	acuñar
legibilidad	mensurable	maña
inciso	isoglosa	*grosso modo*
malhechor	facineroso, sa	esotérico, ca

III. **Traduzca al chino las siguientes expresiones.**

1. documento de identidad
2. currículum personal
3. tráfico rodado
4. libro de reclamación
5. sentencia judicial
6. diseñar una coreografía
7. la escuela obligatoria
8. cubrir las necesidades
9. asignaturas sueltas
10. escritor potencial
11. forma y fondo
12. los escritores nacen y no se hacen

EJEMPLOS CON ALGUNOS VOCABLOS Y EXPRESIONES USUALES

I. competitividad

A. *f.*

1. La mala administración ha perjudicado sensiblemente la **competitividad** de la empresa.

2. En cuanto a productos de la industria química, vuestro país tiene mucha **competitividad** en el mercado internacional.

B. **competitivo, va** *adj.*

1. El precio que habéis fijado no me parece muy **competitivo**.

2. La agricultura del país siempre ha sido muy **competitiva**, porque cuenta con mano de obra muy barata.

II. comprometer(se)

A. *tr.*

1. El detenido se lo dijo todo a la Policía y de esa manera **comprometió** a todos sus amigos.

2. No me menciones si quieres hablar con ella. ¿Acaso quieres **comprometerme** en un asunto que no tiene nada que ver conmigo?

3. Antes de escaparse, el espía quemó todos los documentos que le **comprometían** a él y a sus compañeros.

B. *tr.*

1. Si te precipitas, puedes **comprometer** el éxito del proyecto.

2. El prolongado mal tiempo **comprometió** la realización de la obra.

C. *prnl.*

1. El sastre **se comprometió** a terminar el traje para la próxima fiesta.

2. Mi amigo y yo **nos comprometimos** a llevar juntos a cabo el proyecto ocurriera lo que ocurriera.

D. **compromiso** *m.*

1. No te retenemos más, ya que tienes otro **compromiso**.

2. No me parece bien que no cumplas con tu **compromiso**.

III.　elaborar *tr.*

1. Gonzalo es un cocinero muy ingenioso, sabe **elaborar** guisos exquisitos con pocos ingredientes.
2. ¿Sabes qué órgano del cuerpo se encarga de **elaborar** la bilis?
3. La semana pasada, mi profesora estaba ocupada en **elaborar** un nuevo programa didáctico para enseñar el español con mayor eficiencia.

IV.　dominio *m.*

1. En aquel entonces, se llamaban *concesiones* a los barrios de Shanghai que se hallaban bajo el **dominio** de las potencias extranjeras.
2. Debido a su precario **dominio** del alemán, muchas veces tenía que lidiar infructuosamente tratando de comunicarse con la gente del país.
3. ¿Cómo vas a enfrentarte a la vida moderna sin un elemental **dominio** de la escritura?
4. En el **dominio** de la Ciencia y Tecnología, todavía tenemos mucho camino por recorrer.

V.　enfrentar(se)

A. *tr.*
1. La disputa por el agua de irrigación **enfrentó** a esos dos pueblos.
2. La repartición de la herencia **enfrentó** a los dos hermanos.
3. La situación era realmente dura, pero mi amiga supo **enfrentarla** con valentía.

B. *prnl.*
1. Ya estamos listos para **enfrentarnos** al reto de mejorar la vida y los servicios para nuestros niños.
2. La mejor manera para **enfrentarse** a la pandemia es prevenirla.
3. ¿Qué harías tú si de súbito **te enfrentaras** a un tigre en un bosque?

VI.　escritura

A. *f.*
1. La **escritura** del documento le costó mucho trabajo.
2. En la sociedad moderna, cualquier ciudadano debe dominar algunos rudimentos de la **escritura** en su vida cívica.

B. *f.*
1. Según algunos historiadores, la más antigua **escritura**, llamada cuneiforme, apareció en el Creciente Fértil en Mesopotamia.
2. La **escritura** china es la más peculiar de todas.

VII. proyecto *m.*

1. Tú tienes muchos **proyectos**, pero nunca te he visto ejecutar ninguno.
2. ¿Sabes lo que dicen de nuestro **proyecto**? ¡Demasiado ambicioso!
3. Nuestra empresa ha conseguido la concesión de varios **proyectos** que se aplicarán en esta zona para su futuro desarrollo sostenible.
4. Se están discutiendo varios importantes **proyectos** de inversión con el Banco Mundial.

VIII. reclamación *f.*

1. Como no conocía el estilo burocrático en que se redacten **reclamaciones**, tuve que acudir a Nicolás para que me ayudara.
2. Entregamos nuestras **reclamaciones** hace mucho tiempo, pero todavía no hemos recibido la respuesta del gobierno municipal.

IX. redactar

A. *tr.*

1. Valentina, ¿sabes quién **ha redactado** esta solicitud llena de errores ortográficos y gramaticales?
2. De acuerdo, me encargaré de **redactar** un informe para pedir subvención destinada a nuestro proyecto de investigación.

B. **redacción** *f.*

1. Hemos aprendido mucho en la clase de **redacción** impartida por el profesor Agustín.
2. Me ha llevado mucho tiempo la **redacción** de este reportaje sobre el reciente conflicto étnico acaecido en esa región.

X. sobrevivir

A. *intr.*

1. Mi tío, aunque siempre ha parecido un poco enfermizo, curiosamente **ha sobrevivido** a su mujer.
2. Fue todo un milagro que pudiéramos **sobrevivir** a aquella catástrofe.
3. Entre los emigrantes **sobrevivía** la nostalgia de su país de origen.

B. **superviviente** *adj.;-s.*

1. Un niño fue el único **superviviente** de aquel terrible naufragio.
2. ¿Cuántos son los **supervivientes** del incendio?
3. Creo que esta es la única política superviviente del gobierno.

GRAMÁTICA

I. Contraste entre la presencia y la ausencia de *el, los, la, las*

El contraste entre la presencia y la ausencia de *el, los, la, las* establece una oposición referencial de existencia/esencia, según algunos autores. Citemos a continuación a Francisco Abad Nebot:

1) **El hombre** parecía fatigado.

2) **El hombre** es mortal.

3) No es **hombre** quien se porta así.

En el primer ejemplo, nombramos a un individuo y en el segundo a la suma de ellos que componen la especie; por tanto, en ambos casos, algo **existencial** y **cuantitativo**. La tercera oración, por contra, remite a la clase a que pertenece el individuo considerado cualitativamente. Así que: "El nombre con artículo se refiere a objetos **existenciales** y sin él a objetos **esenciales**. Con artículo, a las cosas; sin él, a nuestras valoraciones subjetivas y categoriales de las cosas". (*Estudios lingüísticos. Temas españoles*, Amado Alonso, Editorial Gredos, S. A., Madrid, 1961)

O sea, que sin artículo denotamos el rango o especie de lo nombrado. Naturalmente, y en el caso citado, al decir *no es hombre* (...), nos referimos a un individuo concreto a quien recriminamos su comportamiento, pero enfocándolo como clase categorial, valorativa. "El artículo destaca la referencia lógica al objeto real (...). La ausencia de artículo, en cambio, va acompañada de un conato de la emoción y de la voluntad por hacer descollar sus intereses 'por sobre la organización racional de la expresión. Esta resonancia afectiva radica en que (...), si hay un objeto real aludido, de él nos interesa su esencia y su valor.' (ibíd)" (*El Artículo, sistema y usos*, Francisco Abad Nebot, Ediciones Aravaca, S. A., Madrid, 1977)

Además, hace falta señalar que la forma plural **los / las** puede implicar un significado totalizante, es decir: **todos los... / todas las...**, Por ejemplo, en "*los* **textos más complejos**" (como un informe económico, un proyecto educativo y una ley o una sentencia judicial)... , "los textos más complejos" equivale *todos los textos complejos.* Igualmente, en "no pueden cubrir de ninguna manera *las* **complejas y variadas necesidades** de la vida moderna", "las complejas y variadas necesidades..." equivale a *todas las complejas y variadas necesidades...*

II. Función clasificadora y enfática de la forma *un/una*

La forma *un/una* tiene función clasificadora y enfática. Hemos excluido sus correspondientes plurales *unos/unas*, porque se aproximan demasiado a *algunos, varios*, etc.

Si alguien nos pregunta:

—**¿Qué lees?**

Una de las posibles respuestas sería:

—**Un libro.**

Porque queremos destacar que no se trata de una carta, ni una revista, ni un periódico, ni una factura... O sea, clasificamos, pero no especificamos o individualizamos, de modo que muchas veces, *un/una* sugiere la idea de *cualquiera*.

Veamos otro grupo de ejemplos:

1) Estoy ante *el* emperador./Estoy ante *un* emperador.
2) Pedro es holgazán./Pedro es *un* holgazán.

(Citados por Francisco Abad Nebot en El Artículo, sistema y uso)

En la primera pareja, con *el*, la referencia de *emperador* se remite a su persona física, mientras que con *un*, se alude a su calidad como máximo soberano. A lo mejor, también podemos tratar de percibir la sutil diferencia mediante traducción:

我站在皇帝（本人）面前。/我站在一位皇帝面前！

Lo mismo ocurre con la segunda pareja:

小王游手好闲。/小王是个游手好闲的家伙！

Cuando la parte nominal es sustantivo, en español no se usa normalmente *un/una* como lo hace el inglés, salvo en caso enfático:

Soy profesor./I'm **a** teacher.

¿Es usted enfermera?/Are you **a** nurse?

Según Ignacio Bosque, la referencia a la que el artículo apunta se puede conseguir de varias formas, entre las que están las siguientes:

A. Unas veces se recupera por deíxis espacial inmediata, como en *Acércame el cenicero*, o por deíxis temporal, como en *La semana me ha ido bien*, lo cual podemos denominar **referencia situacional**.

B. Otras veces se recupera anafóricamente a través de la mención previa. Está claro que puedo aludir a *el libro* si antes he mencioando la existencia de un libro. Es la llamada **referencia contextual**.

C. También puede obtenerse a través de la mención previa de un referente (o un referido, para usar un término más ajustado) con el que el objeto al que aludimos está asociado porque constituye una de sus partes, una de sus propiedades o una entidad ligada existencialmente a él. Puedo hablar de *el capitán* si he mencionado la existencia de un barco, o referirme a *la solución* si he mencionado la existencia de un problema. Es la **referencia relativa**.

D. Puede también conseguirse con marcas que aparecen en el interior del sintagma nominal, con lo que no es necesaria ninguna mención previa para que el sintagma consiga su valor referencial, o referencia sintagmática. Es lo que hacemos en *el libro que te presté*, **la** *casa de la esquina* o **los** *problemas de siempre*.

E. Finalmente se encuentra **la referencia pragmática**. Existe cuando se logra forzando al oyente a localizar la entidad identificada en un universo discursivo compartido con su interlocutor. Dos desconocidos pueden hablar, sin mención previa, de *el presidente del gobierno*, de *el sol*, o de *el tráfico*.

(Las categorías gramaticales, editorial Síntesis, Madrid, 1990)

TAREAS QUE SE EFECTÚAN EN CLASE

04–01

I. **Escuche la grabación y conteste a las siguientes preguntas relativas al contenido del texto.**

II. **Rellene el espacio en blanco con el artículo adecuado según sea necesario.**

1. El soldado, al entrar en su casa, tropieza con _____ cuerpo de su esposa.
2. Esos hombres que veo pasar por delante de mí no parecen _____ hombres.
3. Pedían _____ gobierno fuerte.
4. _____ gobierno es fuerte.
5. Posiblemente nombrarán _____ nuevo ministro.
6. ¿Quién será _____ nuevo ministro que nombrarán dentro de poco?
7. _____ próxima semana se publicarán los resultados.
8. Carecen de fundamento _____ informaciones sobre _____ suceso.
9. Ayer conocí a Rosa y a Felisa: son _____ chicas muy agradables.
10. Llevamos todo el verano esperando _____ lluvia.
11. _____ Parlamento europeo quiere _____ control más riguroso de _____ multinacionales.
12. Dentro de poco se instalará _____ central nuclear.
13. _____ central nuclear de Zorita fue visitada por _____ ministro.
14. Susana es _____ mujer inteligente.
15. Se prohíbe tirar _____ papeles.
16. Lucharé hasta _____ fin.
17. No hay _____ límites precisos entre _____ día y _____ noche.
18. ¿A qué edad comienza _____ vejez?
19. Admitimos _____ complejidad de _____ relaciones léxicas.

20. _____ catalán es _____ lengua de enorme vitalidad, y su empleo está generalizado en _____ regiones donde se habla. Su variedad dominante es la de Barcelona. En él se escriben numerosos libros de todas _____ ciencias, y cuenta con _____ literatura de extraordinaria calidad.

III. Explique la presencia y ausencia del artículo, definido o indeterminado en los siguientes fragmentos del texto.

1. *La vida moderna* exige *un completo dominio* de *la escritura*.

2. ¿Quién puede sobrevivir en este mundo tecnificado, burocrático, competitivo, alfabetizado y altamente instruido, si no sabe redactar *instancias, cartas* o *exámenes*?

3. ... e incluso *el trabajo* de muchas personas (*maestros, periodistas, funcionarios, economistas, abogados*, etc.) gira totalmente o en parte en torno a *documentación escrita*.

4. En este contexto escribir significa mucho más que conocer *el abecedario*, saber "juntar *letras*" o firmar *el documento de identidad*.

5. Quiere decir ser capaz de expresar *información* de forma coherente y correcta para que la entiendan otras personas.

6. • *Un currículum personal*
   • *una carta* para *el periódico*...
   • *un resumen* de 150 palabras de *un capítulo* de *un libro*
   • *una tarjeta* para *un obsequio*
   • *un informe* para pedir *una subvención*
   • *una queja* en *un libro* de *reclamaciones*.

7. ... sólo *estudios especializados* de *periodismo, traducción o magisterio* contienen, y de forma más bien limitada, alguna asignatura suelta de *redacción*.

8. Incluso *los escritores potenciales* de *literatura creativa* tienen que conformarse estudiando *filología* (que enseña más a leer que a escribir) porque no hay equivalente de *Bellas Artes* o *del Conservatorio de Música* en *el campo* de *las letras*.

9. *Forma* y *fondo* se interrelacionan de tal manera que *los defectos* de *redacción* dilapidan *el contenido*.

IV. Complete las oraciones con el vocablo adecuado.

competente   *competencia*   *competitivo*   *competitividad*   *competición*

1. No me parece que seas _____ para el cargo al que te quieren promover.

2. ¿Crees poder sobrevivir con tu diminuta empresa de la fuerte _____ que reina en el actual mercado?

3. El alto coste reducirá la _____ del producto.

4. No puede ser _____ una agricultura basada en las técnicas tradicionales.

5. ¿Cuántas _____ deportivas se celebran al año en tu universidad?

6. Las nuevas medidas económicas que se pretenden tomar no favorecerán la libre _____, sino que más bien contribuirán al monopolio.

7. Si la calidad de nuestros productos es mejor que la de la _____, debemos promocionarlos basándonos en ella.

comprometer(se)   compromiso   comprometido   comprometedor

1. Muchas gracias por la invitación, pero siento no poder ir al concierto. _____ con algunos amigos.

2. Con la tontería que has cometido nos _____ a todos.

3. Tengo otro _____. No puedo ir contigo.

4. Si yo no _____ a prestarte ninguna ayuda, ¿a qué viene esa reclamación?

5. ¿Cómo es que todavía tienes guardados estos documentos tan _____?

6. ¡Ahora te lamentas de la situación _____ en que te hallas! Ya te veníamos advirtiendo del riesgo que corrías.

7. Elena es una chica seria. Cumplirá su _____.

8. La mala administración _____ la realización del proyecto.

elaboración   elaborar

1. Paquito, no vayas a molestar a tu padre, que se ocupa en _____ un proyecto de investigación.

2. La profesora Redondo nos mandó _____ un resumen del capítulo de la novela que acabábamos de leer.

3. En la oficina es el pan nuestro de cada día la _____ de todo tipo de documentos.

4. Me han encargado la _____ de un montón de tarjetas de invitación. No he tardado mucho en hacerlo, ya que basta con cambiar el encabezamiento y el resto del contenido es idéntico.

enfrentar   enfrentarse

1. Los trabajadores supieron _____ con dignidad al patrón déspota que abusaba de ellos con arbitrariedad.

2. El litigio territorial _____ los dos países vecinos.

3. Me dolía mucho que una tontería acabó por _____ a mis dos amigos.

4. Hay que _____ los dos espejos para conseguir el juego de las luces.

escrito   escritor   escritorio   escritura

1. Si quieres conseguir una beca, tienes que presentar una solicitud por _____.

2. Encontré un _____ de letras borrosas. Solo logré descifrar unas frases sueltas.

3. Susana, con haber publicado unos cuantos cuentos, ya se sentía una _____ hecha y derecha.

4. ¿Sabes cómo se llama la _____ de los sumerios?

5. Mario no tuvo otro remedio sino vender su _____ de estilo barroco a un anticuario.

dominar   dominación   dominante   dominio

1. El catolicismo es la religión _____ en América Latina.

2. Nadie sabe lo que hizo el hombre bajo la _____ extranjera.

3. Nos asombraba su _____ de tantas lenguas.

4. Es muy complicada la conjugación verbal en español, de modo que no debéis dejar de practicarla hasta que la _____.

5. En ese país la clase _____ la constituye una sola de las muchas etnias que hay.

reclamación   reclamar

1. Señor rector, considero totalmente justificada la _____ de los estudiantes. Usted tiene que satisfacer su demanda.

2. Los obreros se reunieron frente a la oficina de administración para _____ su suelo retrasado.

3. Presentamos nuestra _____ hace tiempo, esperamos que nos respondan esta semana.

redacción   redactar

1. Para mí la clase de _____ es más bien de práctica que de teoría.

2. El periodista estaba totalmente entregado a la _____ de un reportaje, por eso no se cuenta de que yo había entrado en su oficina.

3. Oye, Nicolás, _____ por mí una solicitud breve y clara.

4. Cecilia, no sé qué te pasa. Ni siquiera eres capaz de _____ un texto de cinco líneas.

sobrevivir   supervivencia   superviviente

1. De la terrible inundación quedaron muy pocos _____.

2. No sé cómo se las arreglaban para _____ mis abuelos durante aquellos largos años de privación.

3. Nos decía que ellos no pedían más cosas. Se conformaban con poder _____.

4. En medio de los escombros del edificio derrumbado, el equipo de rescate solo encontró a una niña de corta edad, la única _____ de la catástrofe.

5. El cruel potentado nos privó de todo medio de _____.

V. Marque con una √ la opción entre paréntesis que consideres correcta.

La señora Fernández tenía un pequeño huerto (detrás de; atrás) su casa, (en; donde) ella cultivaba una gran (variación; variedad) de verduras y las cuidaba con mucho esmero. Cuando llegaba el verano, todo el terreno se veía (cubriéndose por; cubierto de) una frondosa lozanía verde que (alegrara; alegraba) la vista y el corazón. Le hacía mucha ilusión cosecharlas algún día y (preparar; tomar) platos deliciosos y saludables (para; por) su familia.

Una tarde, paseando muy ufana (en medio de; por entre) las matas (en las; de las) que colgaban frutos maduros, comenzaba a (elaborar; diseñar) mentalmente el menú que sorprendería a su marido e hijos.

(Al; En el) día siguiente, se disponía a (recoger; coger) con una cesta algunos tomates, pepinos, cebollas, ajos, cilandro (porque; cuando) su hijo irrumpió en casa gritando: "¡Mamá, mamá, date prisa, las gallinas de la vecina están picoteando nuestras verduras!"

La señora se disparó hacia el huerto y (encontró; se encontró) con un panorama de destrozo y desolación: las plantas tronchadas mezcladas con el barro (creaban; formaban) un lodazal. ¡Adiós banquete! Pensaba (en medio de; entre) triste y furiosa.

Pocos días (antes de; delante) Navidad, recibió un enorme paquete de la vecina, (dentro del cual; en la cual) estaban varios pollos ya desplumados con una breve misiva (en medio; en el centro) que (dijo; decía): ¡Que disfruten (con; de) sus verduras!

VI. Lea la siguiente carta dirigida al director de redacción de *EL PAÍS* y rellene los espacios en blanco con los conectores discursivos que se dan a continuación teniendo en cuenta el contexto.

> *así*   *aún así*   *con el fin de*   *con respecto a*   *en cuanto a*   *por lo que*
>
> *por tanto*   *sin*   *sin embargo*   *teniendo en cuenta*

_____ el reportaje aparecido en *El País Semanal* del pasado 28 de enero, les tengo que decir que han olvidado comentar uno de los aspectos más importantes de la cuestión: ¿qué pasa con los profesores?

Tengo que felicitarles porque creo que han sido muy ágiles _____ la elección del tema, _____ que nuestra lengua está adquiriendo una importancia cada vez mayor, y que, _____, está generando un nuevo campo comercial, _____ olvidar la importancia que esto tiene para la expansión de nuestra cultura.

_____, pienso que han olvidado la parte más importante de todo esto: los profesores de español como lengua extranjera (ELE). Estamos en una situación precaria, trabajando en circunstancias que podríamos considerar tercermundistas, y _____, cada vez más extranjeros están interesados en aprender una lengua que nosotros conocemos y enseñamos. _____ terminar con esta lamentable situación, los profesores de ELE nos estamos organizando para que nuestro trabajo sea reconocido y considerado dignamente, _____ les invito a que se pongan con contacto con nosotros y que _____ conozcan la situación real.

(Rafael Gómez Jiménez, *El País Semanal*,

número 1274, 25 de febrero de 2001)

VII. Lea el resumen de la novela *El Hereje*, de Miguel Delibes, y rellene los espacios en blanco con las opciones que se dan al final del texto, de manera que se forme un texto completo y coherente.

En el año 1517, Martín Lutero fija sus noventa y cinco tesis contra las indulgencias en la puerta de la iglesia de Wittenberg, un acontecimiento que provocará el cisma de la Iglesia Romana de Occidente. Ese mismo año nace en la villa de Valladolid el hijo de don Bernardo Salcedo y doña Catalina Bustamenta, al que bautizarán con el nombre de Cipriano. En un momento agitación política y religiosa, _____.

Huérfano desde su nacimiento y falto del amor del padre, Cipriano contará, sin embargo, con el afecto de su nodriza Minervina, _____. Convertido en próspero comerciante, se pondrá en contacto con las corrientes protestantes que, de manera clandestina, empezaban a introducirse

en la Península. No obstante, _____. A través de las peripecias vitales y espirituales de Cipriano Salcedo, Delibes dibuja con mano maestra un vivísimo retrato del Valladolid de la época de Carlos V, de sus gentes, sus costumbres y sus paisajes. Pero *El hereje* es, sobre todo _____. Es la historia de unos hombres y mujeres de carne y hueso en lucha contra sí mismos y contra el mundo que les ha tocado vivir: un canto apasionado por la tolerancia y la libertad de conciencia.

    a. esta mera coincidencia de fechas marcará fatalmente su destino

    b. la difusión de este movimiento será cortada progresivamente por el Santo Oficio

    c. una indagación sobre las relaciones humanas en todos sus aspectos

    d. una relación que le será arrebatada y que perseguirá el resto de su vida

VIII. Lea el currículum vitae de Eugenio Gregorio Calderón Vázquez, haga un resumen y diga qué trabajo es adecuado para él.

Currículum Vitae

DATOS PERSONALES

Nombre: Eugenio Gregorio

Apellidos: Calderón Vázquez

D.N.I.: 57.835.072

Fecha de nacimiento: 12-11-1984

Estado civil: soltero

Domicilio: C/Pedro de la Creu, 47. Barcelona, España

Código Postal: 08034

Teléfono: (93)1031636

E-mail: Eucard@interbook.net

FORMACIÓN ACADÉMICA

- Licenciado en Filología Hispánica. Universidad Autónoma de Barcelona. Año 2002
- Máster en Aptitud Pedagógica, Instituto de Ciencias de la Educación de la Universidad de Sevilla. Curso 07-08. Horas lectivas: 186. Calificación: Notable

TRAYECTORIA PROFESIONAL

- Profesor de Lengua y Literatura Españolas en el Instituto "García Lorca", Guadix, Granada. Años 2010-2015. Alumnos de 16 a 24 años.
- Dirección, gestión y realización del Proyecto para la Ordenación del Archivo Histórico del Museo Municipal de Guadix

PUBLICACIONES

- Autor de Fatalismo Trágico en García Lorca, monografía publicada en la Revista trimestral *La Poética*, 2018, Buenos Aires.
- Coautor de Folklore de Andalucía, 2019, Edimurtra, Barcelona.
- Traductor del inglés del libro de S.G. Smith *Cordobés Arts*, 2020, Cátedra, Madrid.

FORMACIÓN COMPLEMENTARIA

1. Cursos

- Asistencia a las Jornadas sobre "Español de España y Español de América". Programa andaluz en conmemoración del V centenario del Encuentro entre Dos Mundos. Consejería de Cultura de la Junta de Andalucía. Sevilla. Noviembre de 2010.
- Asistencia y participación en el Curso Especializado "Metodología del Análisis Textual", organizado por el Departamento de Lengua Española de la Facultad de Filología de la Universidad de Sevilla, Sevilla. Enero de 2013.

2. Idiomas

- Inglés: Leído, nivel alto. Hablado, nivel medio
- Portugués: nivel medio
- Francés: nivel alto
- Árabe e italiano: nivel primario
- Latín y griego clásico: nivel medio

3. Informática

- Dominio del sistema operativo Windows 99
- Office 00
- Dominio y experiencia en los distintos programas de internet: navegadores, buscadores, correo electrónico, grupos de noticias, etc.

OTROS

- Carnet de conducir B-1. Vehículo propio.

AFICIONES

Naturaleza, atletismo, natación, arte, viajes, lenguas exóticas etc.

Disponibilidad inmediata.

IX. **Escoja dos de entre las variantes de escritura de los ejercicios VI, VII y VIII y redacte breves textos en chino y en español.**

UNIDAD 5
第五课

¿Qué es filosofía?

(Adaptación de *El mundo de Sofía*, Jostein Gaarder, traducido por
Kirsti Baggethun y Asunción Lorenzo)

¿Qué es lo más importante en la vida? Si preguntamos a una persona que se encuentra en el límite del hambre, la respuesta será comida. Si dirigimos la misma pregunta a alguien que tiene frío, la respuesta será calor, y si preguntamos a una persona que se siente sola, la respuesta seguramente será estar con otras personas.

Pero con todas esas necesidades cubiertas, ¿hay todavía algo que todo el mundo necesite? Los filósofos opinan que sí. Opinan que el ser humano no vive sólo de pan. Es evidente que todo el mundo necesita comer. Todo el mundo necesita también amor y cuidados. Pero aún hay algo más que todo el mundo necesita. Necesitamos encontrar una respuesta a quiénes somos y por qué vivimos.

Interesarse por el por qué vivimos no es, por lo tanto, un interés tan fortuito o tan casual como, por ejemplo, coleccionar sellos. Quien se interesa por cuestiones de ese tipo está preocupado por algo que ha interesado a los seres humanos desde que viven en este planeta. El cómo ha nacido el Universo, el planeta y la vida aquí, son preguntas más grandes y más importantes que quién ganó más medallas de oro en los últimos juegos olímpicos de invierno.

La mejor manera de aproximarse a la filosofía es plantear algunas preguntas filosóficas:

¿Cómo se creó el mundo? ¿Existe alguna voluntad o intención detrás de lo que sucede? ¿Hay otra vida después de la muerte? ¿Cómo podemos solucionar problemas de ese tipo? Y, ante todo: ¿Cómo debemos vivir?

En todas las épocas, los seres humanos se han hecho preguntas de este tipo. No se conoce ninguna cultura que no se haya preocupado por saber quiénes son los seres humanos y de dónde procede el mundo.

En realidad, no son tantas las preguntas filosóficas que podemos hacernos. Ya hemos formulado algunas de las más importantes. No obstante, la Historia nos muestra muchas respuestas diferentes a cada una de las preguntas que nos hemos hecho.

Vemos, pues, que resulta más fácil hacerse preguntas filosóficas que contestarlas.

También hoy en día cada uno tiene que buscar sus propias respuestas a esas mismas preguntas. No se puede consultar una enciclopedia para ver si existe Dios o si hay otra vida después de la muerte. La enciclopedia tampoco nos proporciona una respuesta a cómo debemos vivir. No obstante, a la hora de formar nuestra propia opinión sobre la vida, puede resultar de gran ayuda leer lo que otros han pensado.

La búsqueda de la verdad que emprenden los filósofos podría compararse, quizás, con una historia policíaca. Unos opinan que Andersen es el asesino, otros creen que es Nielsen o Jepsen. Cuando se trata de un verdadero misterio policíaco, puede que la policía llegue a descubrirlo algún día. Por otra parte, también puede ocurrir que nunca lleguen a desvelar el misterio. No obstante, el misterio sí tiene una solución.

Aunque una pregunta resulte difícil de contestar, puede, sin embargo, pensar que tiene una, y sólo una respuesta correcta. O existe una especie de vida después de la muerte, o no existe.

TEXTO B

Definición de Filosofía

La filosofía es una ciencia que, de forma cuidadosa y detallada, busca dar respuesta a una variedad de interrogantes como por ejemplo, la existencia, la mente, la moral, la belleza, el conocimiento, la verdad y el lenguaje. Al tratar estas incógnitas, la filosofía trata de alejarse de lo espiritual, del esoterismo, y de la mitología al enfocarse en pruebas racionales más que en argumentos de autoridad.

El origen histórico de la filosofía señala, que ésta surge en el siglo VI a. C. en Grecia, como resultado de los diferentes cuestionamientos que el hombre comenzó a hacerse sobre las cosas que le rodeaban; es por esto que la filosofía nace como una forma racional de explicar los fenómenos que suceden en la naturaleza, a través de la promoción de las propias capacidades humanas y marcando distancia de las explicaciones míticas, que para esa época, predominaban en esa cultura.

Algunas de las ramas centrales de la filosofía en la actualidad son: Metafísica, Gnoseología, Ética, Estética. Por el momento limitémonos a conocer un poco sobre la primera:

Metafísica: se encarga del estudio de la naturaleza, de cómo se encuentra estructurada, qué la compone y los principios esenciales de la realidad. Su objetivo es alcanzar una mayor comprensión empírica del mundo, tratando de conocer la verdad más amplia del por qué de las cosas. La metafísica se apoya en tres interrogantes: ¿Qué es ser? ¿Qué es lo que hay? ¿Por qué hay algo, y no más bien nada?

TAREAS QUE DEBE EFECTUAR EL ALUMNADO ANTES DE LA CLASE

I. **Consulte el diccionario español—español (o uno bilingüe en caso estrictamente necesario) para informarse de la acepción en que se usan en el texto los siguientes vocablos o grupos léxicos polisémicos y decir luego lo que significan en chino.**

necesidades cubiertas	fortuito, ta
Universo	misterio
desvelar	interrogante
mente	moral
incógnita	esoterismo
mitología	racional
cuestionamiento	fenómeno
mítico, ca	predominar
metafísica	gnoseología
ética	estética
empírico, ca	ser

II. **Explique el uso de los tiempos verbales que aparecen en las siguientes oraciones.**

1. Si preguntamos a una persona que se encuentra en el límite del hambre, la respuesta *será* comida. Si dirigimos la misma pregunta a alguien que tiene frío, la respuesta *será* calor, y si preguntamos a una persona que se siente sola, la respuesta seguramente *será* estar con otras personas.

2. Pero con todas esas necesidades cubiertas, ¿hay todavía algo que todo el mundo *necesite*?

3. Es evidente que todo el mundo *necesita* comer.

4. No se conoce ninguna cultura que no *se haya preocupado* por saber quiénes son los seres humanos y de dónde procede el mundo.

5. La búsqueda de la verdad que emprenden los filósofos *podría* compararse, quizás, con una historia policíaca.

6. Cuando se trata de un verdadero misterio policíaco, puede que la policía *llegue* a descubrirlo algún día. Por otra parte, también puede ocurrir que nunca *lleguen* a desvelar el misterio.

7. Aunque una pregunta *resulte* difícil de contestar, puede, sin embargo, pensar que tiene una, y sólo una respuesta correcta.

EJEMPLOS CON ALGUNOS VOCABLOS Y EXPRESIONES USUALES

I.   aproximar(se)

A. *tr.*

1. **Aproximé** la silla a la ventana para que mi abuela tomase el sol sentada ahí.

2. En la negociación, las dos partes intentaron **aproximar** las posturas, pero no consiguieron llegar a ningún acuerdo.

B. *prnl.*

1. Los visitantes **se aproximaron** a la vitrina para ver mejor aquellos utensilios antiguos recién desenterrados por los arqueólogos en la última excavación.

2. El autobús **se** nos **fue aproximando**, pero no paró finalmente, sino que se fue de largo sin recogernos.

C. **aproximadamente** *adv.*

1. **Aproximadamente** un millar de personas se manifestaron en contra del nuevo decreto municipal porque lo consideraban perjudicial a la mayoría de la población.

2. Antes de cruzar aquella zona desértica, el jefe de la expedición nos advirtió de que habría que ahorrar el agua potable, ya que solo nos quedaba **aproximadamente** la mitad de la provisión.

II.   coleccionar

A. *tr.*

1. No te imaginas lo que **anda coleccionando** la gente: aparte de sellos, monedas, también piedras, insectos y otras cosas aún más raras.

2. Desde muy joven, mi tío empezó a **coleccionar** ábacos que fueron llenando su casa. Ahora la ha convertido en un museo.

B. **colección** *f.*

1. Me mostró su **colección**. Era una pila de álbums llenos de sellos de todos los países y de todas las épocas.

2. Fuimos a visitar una biblioteca con una buena **colección** de libros medievales.

C. **coleccionista** *adj.-s.*

1. Mi amiga es **coleccionista** de monedas.

2. Teníamos un vecino **coleccionista** de pistolas.

III. consultar *tr.*

1. Respecto a la alteración climática de esa zona, puedes **consultar** a mi primo Martín, que es un climatólogo bastante conocido en el país.

2. Me han planteado un problema muy complicado. Tengo que **consultarlo** con un especialista en prehistoria.

3. —Hijo mío —dijo el padre, —esta es una decisión de vital importancia para tu porvenir, de modo que antes de tomarla, tienes que **consultar** con la almohada.

IV. emprender

A. *tr.*

1. Al amanecer, los alpinistas **emprendieron** el ascenso.

2. Se quedó tan exhausto que se sintió sin fuerzas para volver a **emprender** el camino.

3. Un pequeño grupo de científicos **emprendió** aquella exploración a sabiendas de lo arriesgada que era.

4. A pesar de nuestras advertencias, el muy imprudente seguía dispuesto a **emprender** el negocio.

B. **emprendedor, ra** *adj.*

1. Se nota que tu amiga es una chica muy **emprendedora**. Llegará lejos.

2. Ninguna persona **emprendedora** se dejará asustar por semejante dificultad.

V. empresa *f.*

1. No es **empresa** fácil convencerlo.

2. No me siento capacitado para la **empresa** de dirigir una universidad.

3. Funciona fatal la **empresa** en que trabaja mi prima. Fíjate: lleva meses sin pagar a su personal.

4. ¡Es curioso! Ninguna **empresa** mixta contrata gente este año.

VI. enfocar *tr.*

1. Al tomar fotos con el móvil, parece que no hace falta **enfocar**, pero sí cuando se usa una cámara fotográfica tradicional.

2. No se sabía qué problema tenía Germán en la vista. Es que no podía **enfocar** los objetos que miraba, de modo que las imágenes que veía salían duplicadas y difusas.

3. En oscuridad **enfoqué** con la linterna una sombra acurrucada bajo un árbol y descubrí que era una chica llorando silenciosamente.

4. En tu ponencia deberías haber **enfocado** los problemas históricos desde el punto de vista dialéctico.

VII.   evidente

A. *adj.*

1. Cada vez que Eco se encuentra con Roberto, se pone como un tomate. Su turbación es **evidente**. ¿Sabes por qué? Porque está enamorada de él.

2. Ya no insistas más en tu opinión. Es **evidente** que no te asiste la razón.

B. **evidentemente** *adv.*

1. —¿Crees que están de acuerdo conmigo los demás?

—**Evidentemente** no.

2. —Parece que me he equivocado.

—**Evidentemente**.

C. poner en evidencia (una cosa)

1. Su nerviosismo **puso en evidencia** su culpabilidad.

2. Estos experimentos **han puesto en evidencia** la aplicabilidad de la teoría del científico.

3. Los hechos **pusieron en evidencia** nuestro error.

VIII.   formular

A. *tr.*

1. Como yo tenía una idea bastante confusa sobre el problema, no sabía **formularlo** en términos precisos.

2. **Se ha formulado** una nueva teoría acerca del origen de los seres humanos.

3. ¿Sabes cómo ha nacido nuestro sistema solar según una hipótesis recién **formulada**?

B. **fórmula** *f.*

1. ¿Sabes a quién se debe la **fórmula** de la gravitación universal?

2. ¡Quién entenderá una **fórmula** química tan complicada!

3. ¡Pobre chico! Pasa días memorizando montones de **fórmulas** matemáticas.

C. **formulario** *m.*

1. La secretaria de la oficina me entregó un **formulario** que tenía que rellenar.

2. La pobre mujer no podía rellenar el **formulario**: no sabía leer ni escribir.

IX. límite

A. *m.*

1. Mira, aquella montaña es el **límite** al sur de nuestra granja.

2. —¡Si pasas el **límite** de mi propiedad, te mato! —gritaba el dueño al intruso.

3. Nos sentimos perdidos en aquella extensa llanura sin **límites**.

4. No insistas más. Mi paciencia tiene un **límite**.

B. **limitado, da/ilimitado, da** *adj.*

1. Todavía me cuesta expresarme en español. Mi vocabulario es muy **limitado**.

2. Sepan que son **limitados** los recursos de que disponen ustedes para emprender una obra de tal magnitud.

3. Con su **ilimitada** imaginación es capaz de inventar cosas inverosímiles.

4. Al amanecer, los viajeros se dieron cuenta de hallarse en un inmenso espacio **ilimitado**.

X. proceder

A. *intr.*

1. La penicilina **procede** de ciertos hongos.

2. Los hispanistas participantes en aquel simposio internacional **procedían** de los cinco continentes.

B. **procedente** *adj.*

1. El vuelo procedente de Madrid llegará con media hora de retraso.

2. Quisiéramos manifestar nuestra cordial bienvenida a los amigos **procedentes** de diversas partes del mundo.

C. **procedencia** *f.*

1. Como ni en el embalaje ni ninguna otra parte se indicaba la **procedencia** de la mercancia, el comerciante no pudo menos que sospechar que se trataba de un producto falsificado.

2. Mis abuelos fueron de **procedencia** campesina y vivieron siempre en condiciones precarias. No obstante, supieron sacar adelante a sus hijos haciendo grandes sacrificios.

XI. proporcionar

A. *tr.*

1. La nuestra es una región carente de agua. Hace falta que nos la **proporcione** una provincia vecina.

2. Muchos de mis amigos prometieron **proporcionarme** materiales necesarios para mi tesis.

3. Señoras y señores, me quedo muy agradecido al Instituto por **haberme proporcionado** esta oportunidad de reunirme con hispanistas procedentes de diversos países e intercambiar ideas con ellos para propulsar la difusión de la lengua española y la cultura hispánica.

B. **proporción** *f.*

1. No le gustaron las **proporciones** de la ventana: muy ancha, pero demasiado baja.

2. ¿No veis que no hay **proporción** entre el espacioso salón y los muebles en miniatura?

3. Acaba de apagarse el terrible incendio forestal. Se desconocen todavía las **proporciones** de la catástrofe.

C. **proporcionado, da** *adj.*

1. Tienes que administrar bien tus gastos para que sean **proporcionados** a tus ingresos.

2. Seguro que el chico es un atleta. Mira qué cuerpo tan bien **proporcionado** que tiene.

D. **proporcional** *adj.*

1. El peso de un objeto es **proporcional** a la gravedad a la que está sometido.

2. ¿No te parece sorprendente que la codicia y la maldad sean **proporcionales** a la riqueza y el poder que se tenga?

GRAMÁTICA

Valores idiomáticos de las preposiciones

Hemos estudiado los valores generales de las preposiciones más usuales, lo cual resulta evidentemente insuficiente para el dominio de estas partículas de empleo tan extendido.

En español existen una serie de construcciones preposicionales que, desde el punto de vista pedagógico, es preferible estudiarlas no como palabras individuales, sino como agrupaciones de dos o más elementos, siendo uno (o más de uno) de los cuales alguna preposición.

Estas construcciones idiomáticas pueden ser:

1. Frases preposicionales: *a punto de, a flor de, con referencia a, en relación con, a chorros, a distancia, de golpe, de memoria, en efecto*, etc.

2. Verbos que rigen preposiciones: *acostumbrarse a, disponer de, contar con, consistir en, tomar por*, etc.

3. Adjetivos que rigen preposiciones: *apto para, característico de, cercano a, inaccesible a, parco en, conforme con*, etc.

En esta lección hablaremos un poco más detalladamente del apartado 3. Se dan a continuación algunas reglas referentes a este tema.

La rección de dichos adjetivos puede ser:

1. Derivada: Se trata de los adjetivos participiales que rigen las mismas preposiciones que sus verbos correspondientes *(dispuesto a marcharse, obligado a ceder, muerto de miedo)*.

2. Propia: Se trata de adjetivos que rigen determinadas preposiciones. Se exponen, a continuación, los casos más comunes de acuerdo con el elemento regido.

   - **a** regida por adjetivos que significan efectos en los sentidos o dependencia: *áspero al tacto, desagradable al oído, grato a la vista, obediente a las leyes, dócil al mando.*
   - **con** regida por adjetivos que significan afecto o actitud: *cariñoso con todos, altivo con los soberbios.*
   - **de** regida por adjetivos que llevan como complemento un verbo en infinitivo: *fácil de obtener, duro de pelar.*
   - **en** regida por:
     1) Adjetivos compuestos con los prefijos *en* o *in*: *inserto en un mango.*
     2) Adjetivos que significan pericia: *especializado en agronomía, entendido en automóviles.*
     3) Numerales ordinales: *el primero en llegar.*
   - **para** regida por adjetivos que significan utilidad o inutilidad: *aprovechable para alguna cosa, un sitio bueno para veranear.*

TAREAS QUE SE EFECTÚAN EN CLASE

05—01

I. **Escuche la grabación y conteste a las siguientes preguntas relativas al contenido del texto.**

II. **Rellene los espacios en blanco con preposiciones o formas contractas del artículo y las preposiciones.**

1. _____ todas las dudas esclarecidas, la alumna salió satisfecha _____ despacho de la profesora.

2. No me preocupo _____ el examen. Siempre he sido muy fuerte _____ literatura.

3. Esta pomada es muy eficaz _____ las quemaduras.

4. El centro comercial está ahí, _____ aquel edificio junto _____ cine.

5. _____ que escuché aquella conferencia del famoso filósofo, me interesé _____ la filosofía.

6. _____ lejos, vimos que una diminuta lancha se aproximaba _____ la orilla _____ mar.

7. _____ pesar _____ todos los sinsabores que ha experimentado, Roberto sigue fiel _____ sus ideales.

8. El matrimonio campesino fue muy generoso _____ nosotros y nos despedimos muy agradecidos _____ los dos.

9. El científico trató _____ encontrar una respuesta _____ la incógnita mediante cálculos infinitesimales.

10. Si enfocas un problema tan complejo _____ manera tan unilateral, ¿cómo vas _____ poder sacar conclusión correcta?

11. La campesina se sentía perdida _____ medio _____ tanta gente.

12. No me han dicho nada _____ ahora respecto _____ resultado _____ examen.

13. Afortunadamente el camión pudo frenar _____ seco.

14. Sí, recuerdo lo que dijiste, pero solo tenías razón _____ parte.

15. Mira, ha venido _____ verte el señor embajador _____ persona.

16. Me decía que ya podía viajar _____ Uruguay. Todos mis documentos estaban _____ regla.

17. Cuando salimos _____ teatro llovía _____ cántaros.

18. Perdón, siento no poder decirles nada. _____ esa persona solo la conozco _____ oídas.

19. Le regalaron una enciclopedia _____ motivo _____ su cumpleaños.

20. Esos lujos no están _____ alcance _____ cualquiera.

III. Sustituya la parte en cursiva por algún sinónimo que hay en el texto.

1. ¿A qué otras cosas aspira todavía el hombre una vez _____ *satisfechas* sus necesidades básicas?

2. La mayoría de los astrónomos _____ *sostiene* que el Universo se originó de una enorme explosión inicial.

3. Fue _____ *clara* su intención al dirigirte esa pregunta.

4. Le decía al burócrata que mi reclamación _____ *precisaba* de una respuesta inmediata.

5. ¿Te imaginas la inmensidad del _____ *Cosmos*?

6. El perrito trataba de _____ *acercarse* tímidamente a la enorme gata.

7. Ya en aquel entonces yo estaba convencido de que con los esfuerzos de todos acabaríamos _____ *resolviendo* todos los problemas.

8. _____ *Expuse* aquellas dudas a sabiendas de que nadie me las podría aclarar.

9. Es un fenómeno positivo que muchos de mis alumnos _____ *provengan* de familias modestas.

10. Isolda prometió _____ *facilitarme* todos los materiales necesarios para que yo investigara el tema.

11. Los ricos parecían poder trazar arbitrariamente _____ *las demarcaciones* de sus propiedades.

12. ¿Cuándo pensáis _____ *iniciar* vuestro ambicioso proyecto?

IV. Rellene el espacio en blanco con la forma debida del vocablo apropiado que hay en el texto.

1. Mi sobrina es una incansable filatélica. Anda _____ sellos por todas partes. Ahora ya tiene una _____ bastante completa.

2. Al oír mi pregunta, el ingeniero cogió una hoja de papel y escribió varias _____ químicas complicadísimas.

3. El hombre acabó por darse cuenta de que lo que pretendía hacer era una _____ extremadamente difícil.

4. El comprador leía detenidamente la etiqueta en la botella para saber la _____ del vino.

5. Admiramos a personas _____. No se asustan por ningún obstáculo con el que tropiecen por el camino cuando se proponen conseguir algo.

6. Con grandes esfuerzos y sacrificios, el _____ de porcelana logró fundar su propio museo.

7. Da pena ver al pobre chico esforzándose inútilmente. Su ambición no resulta muy _____ a sus capacidades.

8. ¿No ves la cara que pone Dania? _____ está ofendida por lo que acabas de decir.

9. ¿Es pública o privada la _____ en que trabajas?

10. Mira, todo tiene un _____. Te advierto que te pasarás si te dejas llevar por tus caprichos.

11. La profesora ha venido advirtiéndonos de que dejemos el diccionario bilingüe y procuremos acostumbrarnos a _____ el que da definiciones de palabras en español.

12. Al ponerme aquellas gafas, me mareé enseguida. Me impedían _____ los objetos.

V. Explique el significado de las voces o frases en cursiva.

1. ... una persona que se encuentra en *el límite del hambre*...

2. ... el ser humano *no vive sólo de pan*.

3. Interesarse por el por qué vivimos no es, por lo tanto, *un interés* tan *fortuito*...

4. *¿Existe alguna voluntad o intención detrás de lo que sucede?*

5. La filosofía es una ciencia que, de forma cuidadosa y detallada, busca dar respuesta a una variedad de interrogantes como por ejemplo, *la existencia*, la mente, la moral, la belleza, el conocimiento, la verdad y el lenguaje.

6. Al tratar estas incógnitas, la filosofía trata de alejarse de lo espiritual, del esoterismo, y de la mitología al enfocarse en pruebas racionales más que en *argumentos de autoridad*.

7. El origen histórico de la filosofía señala, que ésta surge en el siglo VI a. C. en Grecia, como resultado de los diferentes *cuestionamientos* que el hombre comenzó a hacerse sobre las cosas que le rodeaban.

8. ... es por esto que la filosofía nace como una forma racional de explicar los fenómenos que suceden en la naturaleza, a través de la promoción de las propias capacidades humanas y *marcando distancia* de las explicaciones míticas, que para esa época, predominaban en esa cultura.

VI. Enlace las palabras de la columna izquierda con las de la derecha según permita el significado.

A.

colección evidencia límite(s) procedencia proporción (proporciones)	el crimen el cuerpo entre el largo y el ancho la capacidad la paciencia las armas los inmigrantes, monedas obras pictóricas poesías sellos una catástrofe una crisis una granja un asesinato una verdad una zona un robo

B.

coleccionar cubrir desvelar emprender formular proporcionar	calendarios informaciones juguetes la salida las necesidades elementales manos de obra materiales preguntas relojes sellos una deuda una exploración un agujero una hipótesis una obra hidráulica una teoría un crimen oculto un enigma un proyecto un secreto

C.

accidente
actitud
caso
decisión
desacuerdo
espacio
espíritu
fuerza
indignación
noticia
necesidad
ocasión

correcto
cubierto
diferente
emprendedor
evidente
filosófico
fortuito
humano
limitado
policiaco
último

VII. Ponga los infinitivos entre paréntesis en tiempos y personas correspondientes.

Me llamo Julio Gálvez, soy periodista y nunca _____ (tener) entre mis manos asuntos muy espectaculares. _____ (Vivir, yo) lo suficiente como para haber traicionado confianzas y haber servido de instrumento a otros, que son cosas que le _____ (poder) pasar a quien _____ (hacer) periodismo de investigación. Pero quiero creer que no _____ (causar, yo) daños gratuitos a nadie.

_____ (Conocer) a Ahmid por casualidad, una hermosa tarde de primavera en Madrid, en los alrededores del Museo del Prado. Yo _____ (trabajar) entonces en la sección de economía de un importante diario, cuya sede central _____ (estar) en Barcelona, y _____ (tener) la delicada misión de acompañar a una colega japonesa, Takako Mishima, jefa de redacción de un diario económico de Osaka, a conocer las joyas del Museo Thyssen.

Takako _____ (tener) unas horas libres antes de concertar algunas entrevistas con los responsables en España de una empresa, de nombre Matador, de las que ahora _____ (conocerse) como de la Nueva Economía. Un gran conglomerado que _____ (prepararse) para montar una red de portales de Internet y, después, salir a Bolsa de manera simultánea en varios mercados. Tokio y Madrid entre ellos. Que una empresa japonesa _____ (querer) salir a Bolsa en Madrid y Tokio no me _____ (incumbir), y por tanto no _____ (preguntarse, yo) por el sentido que ello _____ (poder) tener. Mi deber _____ (consistir), en aquellos momentos, en atender a una colega y hacer que esas horas le _____ (ser) placenteras.

(*Gálvez en la frontera*, Jorge M. Reverte, pp.9-10, Alfaguara, Madrid, 2001)

05–02

VIII. Escuche la grabación y luego haga un resumen oral.

IX. Traduzca al chino las siguientes oraciones.

1. Al tratar estas incógnitas, la filosofía trata de alejarse de lo espiritual, del esoterismo, y de la mitología al enfocarse en pruebas racionales más que en argumentos de autoridad.

2. El origen histórico de la filosofía señala, que ésta surge en el siglo VI a. C. en Grecia, como resultado de los diferentes cuestionamientos que el hombre comenzó a hacerse sobre las cosas que le rodeaban; es por esto que la filosofía nace como una forma racional de explicar los fenómenos que suceden en la naturaleza, a través de la promoción de las propias capacidades humanas y marcando distancia de las explicaciones míticas, que para esa época, predominaban en esa cultura.

3. Metafísica: se encarga del estudio de la naturaleza, de cómo se encuentra estructurada, qué la compone y los principios esenciales de la realidad. Su objetivo es alcanzar una mayor comprensión empírica del mundo, tratando de conocer la verdad más amplia del por qué de las cosas. La metafísica se apoya en tres interrogantes: ¿Qué es ser? ¿Qué es lo que hay? ¿Por qué hay algo, y no más bien nada?

X. Tema de debate.

Que cada alumno comente sobre un filósofo, sea chino o extranjero, antiguo o moderno.

UNIDAD 6
第六课

TEXTO A

La especie humana y su futuro

(Extracto adaptado de *Making of Mankind*, Richard E. Leakey, traducido por the Rainbird Publishing Group, revisado y corregido por el Dr. Santiago Genovés, México, 1981)

Según algunas estadísticas, de la actual población mundial, una cuarta parte por lo menos está severamente desnutrida y de hecho un 10 % se muere de hambre. Esta gente sufre la inanición no porque nuestro planeta carezca de los recursos necesarios, sino porque los recursos que tenemos están injustamente distribuidos. La terrible verdad es que se produce suficiente comida para que todos en el mundo se alimenten adecuadamente. Pero la comida no llega a quienes la necesitan más, sino a quienes pueden pagar más para conseguirla, aunque ello vaya más allá de sus requerimientos. Las injustas estructuras económicas y sociales crean la pobreza, que es causa de la inanición y la riqueza que permite el desperdicio de alimentos en los países "desarrollados" del mundo.

La brecha es ahora tan amplia entre los países ricos y los pobres que los que se hallan en los extremos de esa gama viven en mundos completamente diferentes.

Sin embargo, las investigaciones paleoantropológicas demuestran que el *Homo sapiens sapiens* se deriva de un solo tronco y constituimos una sola especie. De ahí se deriva la conclusión de que deberíamos compartir lo que ofrece la Tierra que es nuestro hogar común y evitar arruinarlo para los demás. De modo que habrá que replantear las obvias desigualdades en el mundo, antes de que tal desequilibrio nos lleve a todos a la desaparición.

"Entre los dos millones o más de especies que actualmente viven en la Tierra", escribió Theodosious Dobzhansky, "el hombre es el único que experimenta la *preocupación última*. El hombre necesita una fe, una esperanza y un propósito por el cual vivir y que le dé significado y dignidad a su existencia".

El hombre ha buscado esa fe fuera de sí mismo durante milenios, de acuerdo con una cierta visión del mundo que la religión proporciona. Esta postura que se ha erosionado para muchos por los adelantos de la ciencia, y sobre todo por las revoluciones provocadas por Copérnico y por Darwin. Nuestro tan desarrollado grado de inteligencia nos da una perspectiva global de la que no disponen las otras criaturas. Deberíamos poder apreciar que existe equilibrio en la naturaleza y, al mismo tiempo, explotar juiciosamente lo que nos ofrece la naturaleza. Porque esa perspectiva global conlleva una responsabilidad global, responsabilidad que se extiende ante los otros miembros de la especie humana y ante las múltiples formas de vida con las que compartimos nuestro mundo.

Al contrario de nuestros antecesores que se extinguieron, somos animales capaces de una elección casi ilimitada. El problema que se plantea actualmente es nuestra incapacidad de reconocer el hecho de que sí podemos elegir nuestro futuro. Hay muchas personas que quieren dejar su futuro a la voluntad de Dios, pero creo que esta filosofía es peligrosa cuando evita tocar el tema de la responsabilidad que nos corresponde. Tengo la convicción de que nuestro futuro como especie está en nuestras manos y solamente en ellas. A quienes dejan toda decisión a la misericordia y sabiduría de Dios, me permitiría recordarles el viejo adagio: "Dios dice ayúdate que yo te ayudaré". Debemos ser conscientes de los peligros y problemas y así establecer la ruta a seguir para asegurar la continuidad de nuestra supervivencia.

La decisión es nuestra.

TEXTO B

Breve historia del futuro

(Título original: *Une brève histoire de l'avenir,* Jacques Attali,
traducido por José Pedro Tosaus, Ediciones Paidós Ibérica, Barcelona, 1999)

Cuando, entre 2025 y 2030, alcancen su límite físico, no solo las nuevas energías e innovaciones aplicadas a la agricultura, sino también las tecnologías de almacenamiento de información a través de microprocesadores y de energía mediante baterías de litio, serán reemplazadas por las biotecnología y las nanotecnologías, pero no se aceptarán hasta 2025 debido a la incertidumbre respecto a su viabilidad y seguridad.

Desde el punto de vista social, seguirá incrementándose la precariedad, la competencia entre trabajadores, la necesidad de beneficios inmediatos y la movilidad de la población por trabajo. Se producirán grandes emigraciones: de China a Siberia, de Indonesia a Malasia y Tailandia, de África central a África austral o septentrional, de Guatemala a México. Tanto los pobres como las élites del sur seguirán viajando al mundo desarrollado. Cada vez más gente pasará de un país del norte a otro país del norte, sea por motivos laborales, o por rechazar su país de origen. Así mismo cada vez más jubilados se trasladarán a países del sur con mejor clima y menor nivel de vida, aunque el mayor movimiento poblacional se producirá del campo a las ciudades, sobre todo en el sur, donde, en 2035, la población urbana se habrá doblado. En otras palabras, en treinta años, los antiguos habitantes de las zonas rurales protagonizarán los movimientos sociales y políticos.

TAREAS QUE DEBE EFECTUAR EL ALUMNADO ANTES DE LA CLASE

I. Consulte el diccionario español—español (o uno bilingüe en caso estrictamente necesario) para informarse de la acepción en que se usan en el texto los siguientes vocablos o grupos léxicos polisémicos y decir luego lo que significan en chino.

estadística	severamente	inanición
desperdicio	brecha	extremo
gama	paleoantropología	preocupación última
fe	dignidad	postura
erosionar	perspectiva	juiciosamente
litio	misericordia	microprocesador
viabilidad	nanotecnología	incertidumbre
doblar	precariedad	austral

II. Trate de expresar de otra manera la idea de las siguientes oraciones alterando la parte en cursiva para que se entienda con mayor claridad.

1. Pero la comida no llega a quienes la necesitan más, sino a quienes pueden pagar más para conseguirla, aunque ello *vaya más allá de sus requerimientos*.

2. Las injustas estructuras económicas y sociales crean *la pobreza, que es causa de la inanición y la riqueza que permite el desperdicio de alimentos en los países "desarrollados" del mundo*.

3. La brecha es ahora *tan amplia* entre los países ricos y los pobres que los que se hallan en los extremos de esa gama viven en mundos completamente diferentes.

4. De modo que habrá que *replantear* las obvias desigualdades en el mundo, antes de que tal desequilibrio *nos lleve a todos a la desaparición*.

5. Porque esa perspectiva global conlleva una responsabilidad global, responsabilidad que *se extiende ante* los otros miembros de la especie humana *y ante* las múltiples formas de vida con las que compartimos nuestro mundo.

6. Hay muchas personas que quieren dejar su futuro a la voluntad de Dios, pero creo que esta filosofía es peligrosa *cuando* evita tocar el tema de la responsabilidad que nos corresponde.

7. ... pero no se aceptarán hasta 2025 *debido a la incertidumbre respecto a su viabilidad y seguridad*.

8. Cada vez más gente pasará de un país del norte a otro país del norte, *sea por motivos laborales, o por rechazar su país de origen.*

III. Investigue sobre Copérnico y Darwin.

EJEMPLOS CON ALGUNOS VOCABLOS Y EXPRESIONES USUALES

I. adecuado, da

A. *adj.*

1. La metodología que utilizas no me parece **adecuada** para elaborar una estadística fidedigna.

2. Hay que tomar medidas **adecuadas** para distribuir equitativamente los productos alimenticios y resolver la desnutrición de una parte considerable de la población mundial.

3. ¿Les parece **adecuado** que se publiquen tan precipitadamente los resultados de las investigaciones paleoantropológicas?

B. **adecuadamente** *adv.*

1. El gobierno ha prometido que se repartirá **adecuadamente** la riqueza social entre la población del país.

2. Si no se alimenta **adecuadamente** a los niños, cuando estos lleguen a la edad adulta tendrán que sufrir una serie de consecuencias de inanición.

II. apreciar *tr.*

1. **Apreciamos** mucho los esfuerzos que han hecho ustedes por eliminar, o por lo menos, disminuir las obvias desigualdades existentes en su país.

2. Germán era muy **apreciado**, desde muy joven, por sus compañeros debido a su rectitud, honestidad y buena educación.

3. Se anunció que se habían llevado a cabo una serie de reformas sociales para cambiar las injustas estructuras económicas del país. Sin embargo, apenas **se apreciaba** el resultado.

III.　criatura　*f.*

1. Cristina acaba de dar a luz a un niñito. ¡Madre mía, qué **criatura** más preciosa!
2. Los humanos tenemos que saber convivir en armonía con **criaturas** de otras especies.

IV.　derivar

A. *prnl.*

1. De aquel encuentro casual **se derivó** la íntima amistad entre Josefina y Emilia.
2. *Capitanear* **se deriva** del sustantivo *capitán*.

B. **derivado**　*m.*

1. Mi amiga pensaba escribir una tesis sobre los **derivados** verbales del español.
2. Ha aumentado la producción de leche y sus **derivados**.

V.　destino　*m.*

1. ¿Creéis que los seres humanos podemos elegir nuestro **destino** tanto en calidad de individuo como de especie?
2. Se llama fatalismo la actitud que considera que todos los acontecimientos están determinados por el **destino** y el hombre no puede hacer nada para cambiarlos.
3. Me hace ilusión viajar en una nave cósmica con **destino** a Marte.

VI.　especie　*f.*

1. En la Tierra muchas **especies** animales y vegetales se hallan en vías de extinción por culpa de la insensatez del hombre.
2. La gente de la región usa una **especie** de sandalia hecha de paja. No sé cómo se llama.
3. Gonzalo es de esa **especie** de personas que nunca reconoce sus errores.

VII.　estructura

A. *f.*

1. Con la ayuda de un microscopio se puede percibir en todos sus detalles la **estructura** de una célula.
2. A los visitantes les interesó particularmente la **estructura** social de aquella tribu de aborígenes.
3. Sin cambiar radicalmente la injusta **estructura** económica imperante en el mundo, los países en vías de desarrollo nunca se librarán de la pobreza.

B. **estructural** *adj.*

1. Se requiere una reforma **estructural** para que esta empresa adquiera la mínima competitividad.

2. La configuración **estructural** del edificio está mal diseñada. Puede caer con un mínimo temblor.

C. **estructuralismo (estructuralista)** *m. (adj.-s)*

1. Después de dominar prácticamente todas las ciencias humanas, el **estructuralismo** parece estar hoy en retirada.

2. Los **estructuralistas** franceses han motivado profundas polémicas en torno al problema de las ideologías.

VIII. perspectiva *f.*

1. Dibujar en **perspectiva** consiste en representar en menor tamaño los objetos lejanos que los cercanos.

2. El nuevo plan de desarrollo ha trazado una **perspectiva** espléndida para la población de la región.

3. Vista en **perspectiva**, la situación económica del país parece ir mejorando.

IX. recurso *m.*

1. ¿Cómo es que la gente vive tan pobre en una región tan rica en **recursos**?

2. —Hijo, la nuestra es una familia sin **recursos** —dijo la madre, —¿Cómo se te ocurre casarte con una chica tan aficionada a la ostentación?

3. No creo que dispongamos de suficientes **recursos** económicos como para emprender una obra de tal envergadura.

X. propósito

A. *m.*

1. Al descubrir su **propósito** de estafarme, no vacilé en echarle en cara su malvada intención.

2. A decir verdad, no sé cuál fue tu **propósito** cuando planteaste en la reunión de ayer aquel peliagudo problema.

3. ¿Estás seguro de que el hombre es la única criatura que requiere un **propósito** por el cual vivir?

B. **a propósito** *loc. adv.*

1. Todo el mundo me miró agradecidos, porque mi propuesta les vino muy **a propósito** para solucionar su problema.

2. Soy consciente de que has mencionado el asunto **a propósito** para sembrar cizaña entre Lucinda y yo.

3. Disculpe: si la he molestado, no lo he hecho **a propósito**.

4. Mira, la chica ha dejado la bolsa aquí **a propósito**. Quiere que se la lleves para poder hablar contigo a solas.

5. Dicen que han visto a José en la librería. ¡Ah!, **a propósito**: ¿me has comprado las revistas?

C. **a propósito de** *loc. prep.*

1. Me extrañó que nadie dijera nada **a propósito de** un peligro que amenazaba a la especie humana.

2. ¿Qué opinas **a propósito de** la preocupación última que ha de tener el hombre?

1. **Consciente del** aprecio que me tienen mis amigos, siempre he procurado progresar incesantemente en mi estudio y trabajo para no defraudarlos.

2. Me daba mucha pena esa gente, que no era **consciente de** que se les iban agotando los recursos naturales de que disponían, seguían explotándolos en exceso.

3. —Sí, **estamos conscientes de**l riesgo que corremos —dijeron los bomberos, —pero es nuestra obligación ayudar a los emigrantes que llegan en patera con riesgo de vida.

GRAMÁTICA

I.   Dos casos del uso del modo subjuntivo

Lea esas dos oraciones que aparecen en el texto:

1. Esta gente sufre la inanición ***no porque*** nuestro planeta carezca de los recursos necesarios, sino porque los recursos que tenemos están injustamente distribuidos.

También se puede decir:

Esta gente ***no*** sufre ***porque*** nuestro planeta ***carezca*** de los recursos necesarios, sino porque los recursos que tenemos están injustamente distribuidos.

Compárela con la siguiente oración aparentemente casi igual en lo que se refiere a la estructura salvo la forma verbal en la oración subordinada causal precedida por *porque*:

La gente *no sufre* hambre *porque es* suficiente el alimento.

Fíjese: el significado cambia notablemente según se use predicativo o subjuntivo en la oración soborndinada. Con el predicativo la partícula *no* en la oración principal niega lo que significa el verbo *sufrir*. Es decir, la gente *no sufre hambre*. En cambio, con el subjuntivo, la partícula *no* afirma lo que significa el verbo *sufrir*, quiere decir, la gente *sí sufre*, pero la causa no es la carencia de los recursos necesarios (*no porque* nuestro planeta *carezca* de los recursos necesarios).

Ahora tradúzcalas al chino para obviar la diferencia.

La gente *no sufre* hambre *porque es* suficiente el alimento.

人们不挨饿，因为食物充足。

Esta gente *no* sufre *porque* nuestro planeta *carezca* de los recursos necesarios, sino porque...

这些人并非因为咱们的星球缺乏必要的资源而挨饿，而是因为……

2. <u>De modo que habrá que replantear las obvias desigualdades en el mundo, *antes de que* tal desequilibrio nos *lleve* a todos a la desaparición.</u>

En la oración subordinada adverbial de tiempo, precedida de *antes de que* siempre se exige el modo subjuntivo. Vea más ejemplos:

1) La brecha entre los ricos y los pobres se ampliará *antes de que* el gobierno *adopte* medidas adecuadas.

2) Muchos yacimientos de importancia paleoantropológicos han sido destruidos por colosales bulldózeres *antes de que acudan* los especialistas.

3) Hace años algunos científicos ya venían advirtiendo de que teníamos que cambiar nuestro modo de vida *antes de que causáramos* daños irreparables a nuestro planeta.

Pero si el subjeto de la oración principal y subordinada es el mismo, se recurre a la construccón de infinitivo:

4) *Antes de acostarme* volví a revisar la estadística demográfica del país que me había proporcionado mi amigo.

II. Los numerales fraccionarios

En la lección 4 del tomo III hemos estudiados los numerales fraccionarios que tienen 10 como denominador. Ahora vamos a ver las divisiones superiores a diez partes. En este caso lo común es como denominador un derivado en *–avo* de numerales cardinales correspondientes.

1/11	un onceavo (onzavo)
4/11	cuatro onceavos (onzavos)
5/12	cinco doceavos (dozavos)
6/13	seis treceavos (trezavos)

9/14	nueve catorceavos (catorzavos)
7/15	siete quinceavos (quinzavos)
3/16	tres dieciseisavos
...	
1/20	un veintavo (veinteavo)
2/25	dos veinticincoavos
7/30	siete treintavos
5/36	cinco treintaiseisavos
11/200	once doscientosavos

Los procedimientos anteriores corresponden a la lectura de los símbolos aritméticos constituidos por las cifras llamadas *numerador* (sobre la raya 分子) y *denominador* (bajo la raya) respectivamente.

III. El porcentaje

El porcentaje, representado con **el/un ... %**, se lee como **el/un ... por ciento**. Por ejemplo: 34 % es *el/un treinta y cuatro por ciento* y 59 %, *el/un cincuenta y nueve por ciento*.

Fíjese: se dice *cien por cien* en España, y *cien por ciento* en América latina.

TAREAS QUE SE EFECTÚAN EN CLASE

06–01

I. Escuche la grabación y conteste a las siguientes preguntas relativas al contenido del texto.

II. Conjugue los verbos que están entre paréntesis en tiempo y persona correspondientes.

1. Hace años, una gran parte de la población de ese país sufrió hambre no porque _____ (carecer) de alimento, sino porque sus gobernantes _____ (administrar) el país con arbitrariedad.

2. El dueño de la casa me amenazó diciendo que le _____ (pagar) de inmediato el alquiler antes de que me _____ (poner) en la calle.

3. El atraso de la zona no se ha producido porque la gente no _____ (trabajar), sino porque las inadecuadas estructuras políticas, económicas y sociales _____ (impedir) su desarrollo.

4. Aquella antigua especie humana no se extinguió porque _____ (ser) física e intelectualmente inferior, sino porque _____ (resistirse) a adoptar innovaciones tecnológicas.

5. La clase dominante tendría que comprender que es urgente eliminar las escandalosas desigualdades que _____ (existir) bajo su administración antes de que el descontento popular _____ (desenlazar) en una rebelión violenta.

6. Entonces surgió un soberano sensato que supo allanar la brecha que _____ (separa) a los ricos de los pobres antes de que conmociones sociales _____ (conducir) su reino a la ruina.

7. Esos campesinos emigraban no porque les _____ (dar) la gana, sino porque las precarias condiciones de su tierra no les _____ (permitir) sobrevivir.

8. Ambos gobiernos _____ (ser) conscientes de que tenían que hacer todo lo posible por evitar esos conflictos antes de que _____ (desatarse) una guerra catastrófica.

9. El hombre buscaba un propósito por el que vivir no porque eso le _____ (añadir) beneficios materiales, sino porque le _____ (dar) sentido a su existencia.

10. Sabíamos que Román no planteó aquel problema en la reunión porque _____ (desear) que lo _____ (resolver) entre todos, sino porque tenía la mala leche de fastidiarnos.

III. Traduzca al español las siguientes oraciones.

1. 你之所以得出错误结论并非因为你计算错了，而是因为资料统计没做好。

2. 医生估计那些孩子之所以不能正常发育并非因为遗传基因不良，而是由于没能得到适当的喂养。

3. 探险队队长严肃提醒（大家），在天完全黑之前，务必在那片荒野中找到栖身的地方。

4. 考古队员们很清楚，必须尽快发掘那个新石器时代的遗址，不然某个建筑公司的挖掘机就会将其破坏殆尽。

5. 越来越多的人意识到，在取自化石燃料的能源枯竭之前，开发利用可更新的清洁能源已十分紧迫。

6. 我早就告诉你，你的手机之所以不灵了，并不是坏了，而是没电了。

7. 在那项新技术的可行性和安全性得到证实之前，经理拒绝采用。

8. 医生对我说，在看到验血结果之前，他还不能确切知道我得的什么病。

9. 在糟蹋完所有自然资源之前，人类必须改变自己的生活方式。

10. 你听着，出门之前关闭所有家用电器。

IV. Ejercicio de fracciones y porcentajes.

1. Diga en español las siguientes fracciones.

2/3, 3/5, 1/6, 5/8, 3/7, 4/9, 5/11, 3/4, 5/12, 6/13, 1/14, 7/15, 3/16, 7/18, 11/20, 13/31, 15/43

2. Traduzca al chino las siguientes fracciones.

un medio, dos tercios, tres cuartos, dos quintos, cinco sextos, cuatro séptimos, siete novenos, un décimo, seis onceavos, un doceavos, dos treceavos, siete catorceavos, cuatro quinceavos, cinco dieciseisavos, seis diecisietesavos, tres dieciochoavos, cinco diecinuevavos, trece veinteavos, tres treintaidosavos

3. Traduzca al español las siguientes oraciones.

1) 中世纪时，世界上百分之九十五的人是文盲。

2) 在这个住宅小区，五分之三的居民都是来自非洲的移民。

3) 人家当时只供应我们所需原材料的六分之一。

4) 百分之八十五的财富掌握在百分之三的人手中，这样的社会怎么能保持稳定呢?

5) 由于那次自然灾害，百分之四十八的动物种群和百分之五十三的植物种群在地球的广大地区灭绝了。

6) 我不明白，怎么能允许这个企业七分之五的利润被跨国公司拿走呢。

7) 这样的浪费完全不能容忍! 你看看，那家餐馆三分之一的食物都被丢进了垃圾桶。

8) 百分之三十五的投资用于教育，百分之二十五用于医疗卫生，剩余的用于其他领域。

9) 在那个困难时期，百分之六十至百分之七十的年轻人对未来感到悲观。

10) 我估计，从长远看，这个国家的人口会减少四分之一。

V. Teniendo en cuenta el contexto, sustituya los vocablos entre paréntesis por sus correspondientes sinónimos que aparecen en el texto.

1. Todas las razas humanas _____ (provienen) de un mismo tronco.

2. El nuevo edificio está enteramente forrado de vidrios y deja ver toda su _____ (armazón) interior.

3. No tengo nada de que quejarme: me han atendido _____ (convenientemente).

4. No sé cómo se llama la flor. Es una _____ (clase) de rosa.

5. Con aquel cambio político, se cree que a la población se le ofrece _____ (un) mejor _____ (futuro).

6. _____ (Sabemos perfectamente) que la prolongada precariedad conducirá a serios problemas sociales.

7. No encuentro ningún _____ (medio) para sacar adelante a mi familia.

8. Según medios de información oficiales, los visitantes procedentes de diversos países _____ (valoraban) mucho los esfuerzos que había hecho el gobierno por distribuir equitativamente la riqueza.

9. ¿Creen ustedes, señores funcionarios, que los sectores sociales víctimas de la injusta distribución de la riqueza han de conformarse con su _____ (situación)?

10. Los humanos tenemos que aprender a compartir la Tierra con _____ (otros seres) existentes en ella.

VI. Traduzca al español las siguientes oraciones.

1. 我刚刚跟 Luis 商讨过这个问题。哦，对了，你马上给他打电话，他好像有急事要跟你联系。

2. 依我看，你们没能恰当使用自己掌握的人力、物力。

3. 近来，我正致力于研究中世纪的经济结构。

4. *Populoso* 是从哪个字派生出来的？

5. 据说可能任命 Pedro 当部门主任。我不觉得他是合适人选。

6. 那个东西转眼工夫划过天空，我无法确切描述，好像一种飞碟。

7. 对于你花大力气编写这份详尽的统计资料，我们表示赞赏。

8. 农学家告诉我们，水土流失的严重程度要很长时间才能被评估出来。

9. 您认为咱们的命运掌握在自己手里吗？

10. 人类必须学会跟生活在地球上的其他生灵和谐相处。

VII. Conjugue los infinitivos entre paréntesis en el tiempo y la persona correspondientes o en formas no personales.

(*Continuación del texto utilizando en el ejercicio VII de la lección* 5)

No _____ (ser) una misión desagradable, sino todo lo contrario, aunque _____ (contener) un ingrediente fatigoso: _____ (tenerse) que desarrollar _____ (hablar) en inglés, y ni Takako ni yo podíamos presumir de ser bilingüe. Pero la belleza de la colección de pintura y la cálida brisa del sur nos _____ (poner) a ambos de un humor excelente, y eso nos _____ (ayudar) a mantener una fluida conversación con todas las herramientas gestuales posibles en funcionamiento.

Le estaba _____ (decir) a Takako algo tan original como que Madrid _____ (ser) una ciudad de aluvión, lo que no _____ (ser) fácil de decir en inglés, cuando un joven magrebí, que luego _____ (saber, yo) que era Ahmid, _____ (acercarse a nosotros), con un cigarrrillo en la boca, _____ (pedir) fuego en español. Yo _____ (estar) terminando mi frase en inglés y no le _____ (responder) de inmediato. Takako _____ (adelantarse) y le _____ (replicar) con un *sorry* y un movimiiento de manos que _____ (indicar) su ignorancia del castellano. Sin darme tiempo a responder, el chico _____ (dar) la vuelta, y nosotros _____ (continuar) el paseo y la amable charla repleta de tópicos en busca de una terraza donde _____ tomar una cerveza.

(Gálvez en la frontera, Jorge M. Reverte, p.10, Alfaguara, Madrid, 2001)

06–02

VIII. Escuche la grabación y luego haga un resumen oral.

IX. Tema de debate.

Necesidad que tienen los humanos de convivir con otras criaturas existentes en la Tierra.

UNIDAD 7
第七课

1 FUNCIÓN COMUNICATIVA

2 EJEMPLOS CON ALGUNOS VOCABLOS Y EXPRESIONES USUALES

alarma; albergar; alterar(se); disputar; enfocar; espectáculo; fundamental; indicio; provisional; regular; retroceder; supuesto, ta

3 GRAMÁTICA

● Uso del condicional simple

TEXTO A

La Antártida, termostato del Planeta, está en peligro

(Adaptación de *La Jornada*, 11 de marzo de 1993)

Magallanes es la tierra de los árboles encorvados, con sus troncos torcidos y sus ramas apuntando hacia el estrecho de Magallanes y, más allá, hacia la Antártida, robles y pinos se inclinan ante el viento inclemente que barre la región.

Pero si los árboles saben amoldarse a la situación, el hombre ha demostrado todo lo contrario, y en su intento por servirse de la naturaleza la mantiene al borde del agotamiento.

La alarma provocada por el agujero de la capa de ozono igualmente ha enfocado la atención sobre el continente helado, objeto de la codicia de los grandes consorcios mineros y de las compañías petroleras, de las supuestas investigaciones científicas, e incluso de quienes han convertido al turismo en su propia mina de oro. De modo que cada día más masiva presencia humana viene alterando peligrosamente el frágil ecosistema del continente helado, un territorio de 14 millones de kilómetros cuadrados, más extenso que el continente europeo. Todas las formas de vida de la región se concentran en sus zonas costeras mientras que en su interior se encuentra lo que podríamos denominar el desierto más grande sobre la Tierra.

El continente Antártico juega un papel fundamental en el ecosistema planetario, como regulador climatológico. Entre otras cosas en éste se encuentra el 80 por ciento de toda el agua dulce de la Tierra que se conserva con mayor pureza. Esta inmensa extensión acuática alberga un riquísimo fitoplancton que suministra nutrientes, entre otras especies, al kril, del cual se alimentan desde las aves marinas hasta las espectaculares ballenas. Además, existen indicios de que la Antártida encierra en su interior importantes cantidades de minerales: cobre, molibdeno, cromo y muchos más, pero sobre todo petróleo. Ahí comienza su principal problema.

Con un décimo de la superficie terrestre, cubierta en un 98 por ciento por hielo, la Antártida es el lugar más frío de la Tierra, con temperaturas que llegan a los 89 grados centígrados bajo cero y con vientos de hasta 300 kilómetros por hora. Con sus 12 grados bajo cero promedios, el ritmo de crecimiento es mucho más lento que en el resto del planeta. Una huella dejada sobre el musgo puede verse después de 10 años. Su flora y su fauna han debido desarrollarse en las zonas marítimas y en las franjas costeras libres de hielo, que sólo suponen el dos por ciento de la superficie antártica. Ahí, más de cien millones de aves (en un 80 % pingüinos) han debido entrar a disputar su espacio vital con el hombre, con los científicos. Las consecuencias de cualquier alteración al medio ambiente antártico son graves y se mantienen por mucho tiempo. Aunque se prohíbe provisionalmente la explotación científica, siguen llegando los turistas.

El glaciar Torres del Paine está retrocediendo en vez de avanzar, las plantas florecen en otoño y no en primavera, las ves migratorias llegan en el momento equivocado.

"Algo anda mal", dice la gente.

TEXTO B

El cambio climático actual

A finales del siglo XVII el hombre empezó a utilizar combustibles fósiles que la Tierra había acumulado en el subsuelo durante su historia geológica. La quema de petróleo, carbón y gas natural ha causado un aumento del CO_2 en la atmósfera que últimamente es de 1,4 ppm al año y produce el consiguiente aumento de la temperatura. Se estima que desde que el hombre mide la temperatura hace unos 150 años, esta ha aumentado 0,5 °C y se prevé un aumento de 1 °C en el 2020 y de 2 °C en el 2050.

En 2013, Rachel Kyte, vicepresidente para el Desarrollo Sostenible del Banco Mundial anunció que el costo económico por los desastres naturales aumentó cuatro veces desde 1980.

El cambio climático y la agricultura son procesos relacionados entre sí, ya que ambos tienen escala global. Se pronostica que el calentamiento global tendrá impactos significativos que afectarán a la agricultura, la temperatura, el dióxido de carbono, los deshielos, la precipitación y la interacción entre estos elementos. Estas condiciones determinan la capacidad de la biosfera para producir suficiente alimento para todos los humanos y animales domésticos. El efecto global del cambio climático en la agricultura dependerá del equilibrio que debe existir entre esos factores. El estudio de los efectos del cambio climático global podría ayudar a prevenir y adaptar adecuadamente el sector agrícola para aumentar al máximo la producción de la agricultura.

TAREAS QUE DEBE EFECTUAR EL ALUMNADO ANTES DE LA CLASE

I. **Consulte el diccionario español—español (o uno bilingüe en caso estrictamente necesario) para informarse de la acepción en que se usan en el texto los siguientes vocablos o grupos léxicos polisémicos y decir luego lo que significan en chino.**

encorvado, da	inclemente	barrer
amoldarse	enfocar	consorcio
supuesto, ta	fitoplancton	kril
espectacular	ballena	molibdeno
cromo	musgo	franja
vital	suponer	provisional
explotación	estimar	prever
precipitación	pronosticar	biosfera
prevenir		

II. **Traduzca al chino las siguientes expresiones y oraciones.**

1. Magallanes

   Antártida

   combustibles fósiles

   gas natural

   desarrollo sostenible

   costo económico

   dióxido de carbono

   precipitación

   flora y fauna

2. Pero si los árboles saben amoldarse a la situación, el hombre ha demostrado todo lo contrario, y en su intento por servirse de la naturaleza la mantiene al borde del agotamiento.

3. Ellos han convertido al turismo en su propia mina de oro.

4. El continente Antártico juega un papel fundamental en el ecosistema planetario, como regulador climatológico.

5. A finales del siglo XVII el hombre empezó a utilizar combustibles fósiles que la Tierra había acumulado en el subsuelo durante su historia geológica.

6. El cambio climático y la agricultura son procesos relacionados entre sí, ya que ambos tienen escala global.

7. Estas condiciones determinan la capacidad de la biosfera para producir suficiente alimento para todos los humanos y animales domésticos.

EJEMPLOS CON ALGUNOS VOCABLOS Y EXPRESIONES USUALES

I. alarma

A. *f.*

1. El rumor de un posible terremoto hizo cundir la **alarma** entre la población.

2. La gente corría para meterse en refugios antiaéreos. Se había dado la **alarma** de la llegada de los aviones enemigos.

3. Es necesario volver a comprobar la autenticidad de la información antes de difundirla. No es nada conveniente provocar una falsa **alarma**.

B. **alarmar** *tr.*

1. Oye, me **alarma** verte tan triste estos días. ¿Qué te pasa?

2. No quisiéramos alarmar al público de manera innecesaria porque la incidencia de estos hechos es extraordinariamente baja.

C. *prnl.*

1. Los científicos **se alarmaron** con el acelerado derretimiento de algunos glaciares.

2. Mira, no tenemos por qué sentirnos tan **alarmados** por un rumor infundado.

D. **alarmante** *adj.*

1. El paciente seguía con fiebre alta y deliraba. Su estado era realmente **alarmante**.

2. El gerente presentó un informe **alarmante** respecto a las perspectivas de la empresa.

3. El cambio climático trae consecuencias sumamente **alarmantes**.

II. albergar

A. *tr.*

1. Las nuevas torres que acaban de construirse en este barrio **albergarán** a mil familias.

2. Si aquel bondadoso matrimonio no nos **hubiera albergado** en su humilde casa, habríamos pasado la noche a la intemperie.

3. Era un edificio gigantesco que **albergaba** casi todos los ministerios.

B. **albergue** *m.*

1. Pedí a mi amigo que me procurara un modesto **albergue** en el centro de la ciudad para mis pocos días de estancia.

2. Se han instalado sencillísimos **albergues** a diferentes alturas a disposición de los escaladores.

3. Siento no poder darles **albergue**. Ya han visto lo diminuta que es la habitación.

III. alterar(se)

A. *tr.*

1. ¡Miren qué encorvados están los árboles, con los troncos torcidos y las ramas apuntando hacia una misma dirección! Es así como un viento inclemente e incesante **ha alterado** la fisonomía de la zona.

2. La masiva concurrencia de visitantes **alteró** visiblemente las condiciones concernientes a la temperatura y humedad de la cueva, de modo que las pinturas rupestres comenzaron a deteriorarse.

3. Oye, Susana, no me gusta nada que **andes alterando**, cada dos por tres, la colocación de los muebles.

4. La violenta disputa entre hijo e hija **alteró** notoriamente a los padres.

B. *prnl.*

1. ¡No puede ser! Mi enfoque fundamental **se ha alterado** debido a las modificaciones que has hecho en el documento.

2. Hay indicios que muestran que las condiciones naturales de la Antártida **se han alterado** sensiblemente.

3. No **se alteren** ustedes: siento decirles que no puedo darles albergue ni provisionalmente.

IV. disputar

A. *tr.*

1. Daniel se alarmó mucho al saber que su primo estaba tramando algo para **disputarle** la herencia que su abuelo le había legado.

2. En aquel entonces, las potencias occidentales desplegaban violentas luchas entre sí para **disputar** colonias en África, Asia y América.

3. Ya te dije que había evidentes indicios de que eran muchos los que se disponían a **disputar** el primer premio en la natación, pero no me hiciste caso y dejaste de entrenarte con tesón. ¡Ahora ves la consecuencia!

B. **disputa** *f.*

1. La virulenta **disputa** entre varias potencias por controlar el yacimiento petrolífero alteró gravemente la estabilidad de la zona.

2. Existe una solapada **disputa** internacional en torno a la explotación de los recursos de la Antártida.

3. Desde la época prehistórica, la **disputa** por el espacio vital siempre ha constituido un importante motivo de las guerras.

V. enfocar

A. *tr.*

1. Oye, Norman, **enfoca** bien el proyector, las imágenes salen bastante borrosas.

2. No me parece adecuado **enfocar** hechos históricos a partir de criterios modernos.

B. *intr.*

1. El fotógrafo retrocedió un poco para **enfocar** mejor y sacar fotos con nitidez.

2. ¿No hace falta **enfocar** si se toman fotos con un móvil?

C. **enfoque** *m.*

1. El **enfoque** de tu cámara no es muy bueno.

2. No me convence tu **enfoque** en torno al cambio climático.

VI. espectáculo

A. *m.*

1. A los niños les encantan los **espectáculos** del circo.

2. En la Europa medieval, el teatro era el único **espectáculo** con que se entretenía la gente.

3. ¡Vosotros dos estáis montando un grotesco **espectáculo** con vuestra absurda disputa en plena calle!

B. **espectacular** *adj.*

1. ¡Es realmente **espectacular** la aurora boreal!

2. En ese enorme rascacielos se puede albergar un número **espectacular** de personas.

3. Es **espectacular** la cantidad de agua dulce reservada en la Antártida en forma de hielo.

VII. fundamental

A. *adj.*

1. La colaboración entre todos los países del mundo es **fundamental** para resolver el problema del cambio climático.

2. La responsabilidad **fundamental** de proteger el ecosistema planetario recae en las principales potencias del mundo.

3. Mira, esa inmensa extensión verde juega un papel **fundamental** en la regulación climatológica de nuestra ciudad.

B. **fundamentalmente** *adv.*

1. El efecto invernadero ha sido provocado **fundamentalmente** por las actividades humanas.

2. La especie de ballena más grande se alimenta **fundamentalmente** del kril.

VIII. indicio *m.*

1. Los expertos se alarmaron con la aparición de los primeros **indicios** del deterioro de las pinturas rupestres.

2. Desde hace mucho, la población local ya viene notando los **indicios** de que está disminuyendo la cantidad de la fauna y la flora de la región.

3. El florecimiento adelantado de esas plantas es evidente **indicio** del cambio climático.

IX. provisional

A. *adj.*

1. Los exploradores improvisaron un albergue **provisional** para pasar la primera noche en aquel paraje inhóspito.

2. Un trabajo **provisional** no me conviene. Necesito algo definitivo.

3. Mi estancia en su casa es **provisional**. No los voy a molestar mucho, así es que pierdan cuidado.

B. **provisionalmente** *adv.*

1. Si no te importa, esta noche te puedo acomodar **provisionalmente** en el sofá de la sala. Mañana ya veremos cómo se soluciona tu alojamiento.

2. Señor ministro, le advierto de que sus medidas solo pueden apaciguar **provisionalmente** el ánimo de la gente. Usted tiene que encontrar una solución definitiva del problema.

3. El presidente de aquel país afirmó que cerraría **provisionalmente** las fronteras para impedir que entrasen más inmigrantes.

X. regular

A. *tr.*

1. Pregunté al mecánico si podía agregar al radiador algún dispositivo para **regular** la temperatura.

2. El tráfico de esa ciudad es un caos. Hay que tratar de **regularlo**.

3. El país no se hallaba en buena situación económica, por eso el gobierno pensaba tomar algunas medidas para **regular** por lo menos los gastos públicos.

B. **regulador, ra** *adj.*

1. El conjunto de compuertas constituía un buen sistema **regulador** del agua que se utilizaba para el riego.

2. Se ha construido una enorme represa que, entre otras cosas, servirá como elemento **regulador** del caudal del río que se secaba o desbordaba según vaivenes climáticos.

C. **regulación** *f.*

1. Hay que elaborar una **regulación** internacional para controlar la presencia humana en la zona antártica.

2. Mi amigo me pidió que le procurara un compendio de **regulaciones** gubernamentales concernientes a la población flotante.

XI. retroceder

A. *intr.*

1. El cordón de policías comenzaba a **retroceder** ante la avalancha de multitud.

2. El visitante **retrocedió** algunos pasos para tener una vista panorámica del cuadro.

3. Luis Jiménez estaba decidido a no **retroceder** por muchos obstáculos que se le pusieran delante.

B. **retroceso** *m.*

1. El momentáneo **retroceso** de los atacantes no significaba que hubieran desistido de su propósito.

2. Si no hubiéramos impedido a tiempo el **retroceso** del camión, se habría precipitado por el barranco.

3. El médico se mostró sumamente preocupado al notar que la paciente había experimentado un alarmante **retroceso**.

XII. supuesto, ta *adj.*

1. A aquella zona de importancia estratégica acudieron algunos equipos de **supuestos** arqueólogos extranjeros. En realidad, estaban efectuando actividades de espionaje.

2. Tenía mi más que justificada duda de la **supuesta** buena voluntad del hipócrita ese.

3. Las personas de mi generación sí conocimos en nuestra propia carne la **supuesta** ayuda desinteresada que nos prestó cierto país vecino.

GRAMÁTICA

Uso del condicional simple

Fíjese en el verbo en cursiva y trate de reflexionar por qué se usa esa forma verbal: condicional simple.

> Todas las formas de vida de la región se concentran en sus zonas costeras, mientras que en su interior se encuentra lo que *podríamos* denominar el desierto más grande sobre la Tierra.

Recuerde que este tiempo puede emplearse para expresar un rechazo suavizado, con cortesía: Me *gustaría* acompañarte, pero... （我倒是很高兴陪你去，不过……）Se sabe que la cortesía implica modestia y la modestia impide que se hagan afirmaciones o negaciones demasiado categóricas. Dicho de otra manera, la modestia tiene que manifestarse en un tono suavizado, e incluso titubeante para no sonar tajante e imponente. De ahí que se oigan frases como:

> ¿*Podría* pedirle un favor?　　Compárese con: ¿*Puedo* pedirle un favor?
>
> *Querría* hablar con usted.　　Compárese con: *Quiero* hablar con usted.

¿Se siente capaz de obviar la diferencia de tono entre las dos formas verbales mediante la traducción?

> （不知道）能求您帮个忙吗？　　帮一把，行不？
>
> 我真想跟您谈谈。　　　　　　　我要跟您谈谈。

Ahora trate de traducir la oración del texto que se cita.

> Todas las formas de vida de la región se concentran en sus zonas costeras, mientras que en su interior se encuentra lo que *podríamos* denominar el desierto más grande sobre la Tierra.
>
> （……我们不妨/权且将其称为地球上最大的荒漠。）

TAREAS QUE SE EFECTÚAN EN CLASE

07–01

I.　Escuche la grabación y conteste a las siguientes preguntas relacionadas con el contenido del texto.

II. Ponga el infinitivo entre paréntesis en el tiempo y la persona correspondientes y traduzca al chino las oraciones resultantes.

1. Yo no soy muy bueno en botánica. _____ (Decir) que ese árbol es roble.

2. Los árboles sí saben amoldarse al viento inclemente antártico. ¿Lo _____ (hacer) fácilmente el hombre?

3. Sin la capa de ozono, _____ (extinguirse) la vida en la tierra.

4. Yo en tu lugar, _____ (censurar) duramente su acto movido meramente por la codicia.

5. ¿Se puede imaginar qué _____ (ser) de la Tierra sin la Antártida, continente que ejerce una función reguladora sobre el clima?

6. ¿Que qué pienso yo respecto a tu propuesta? Con perdón, no la _____ (considerar) una buena idea.

7. Si desapareciese el kril, ¿de qué _____ (alimentarse) las aves marinas y las ballenas?

8. Según mucha gente, es una fortuna que la Antártida encierre en su subsuelo gran cantidad de diversos minerales, especialmente petróleo. Pero yo _____ (preferir) creer que más bien constituye una amenaza para su ecosistema.

9. Señor presidente, ¿_____ (poder) usted concedernos una entrevista esta tarde?

10. Los arqueólogos descubrieron en aquella apartada zona una ancha calzada construida por los antiguos romanos, la cual _____ (poder) denominar la autopista de esa época.

III. Traduzca al español las siguientes oraciones y explique la diferencia entre las dos versiones.

1. 你们必须保持教室清洁整齐。
   你们应该保持教室清洁整齐。

2. 我要跟你谈谈。
   我很想跟你谈谈。

3. 诸位能证明这幅画是真品吗？
   请问诸位能证明这幅画是真品吗？

4. 我想陪你去南极旅行。
   我真希望能陪你去南极旅行。

5. 很高兴与诸位合作。
   能与诸位合作当然很高兴。

IV. Complete las oraciones con las palabras que encabezan cada grupo de oraciones.

alarmar(se)　　*alarma*　　*alarmante*

1. Teniendo en cuenta lo delicada que se encuentra la señora de salud, no creo prudente _____ con la mala noticia.

2. Los invasores llevaban tiempo sitiando la ciudad. Dentro comenzaban a escasear los víveres y el agua potable. Se iba propagando una rara peste. Cada día moría más gente. La situación era realmente _____.

3. En aquella época cuando se aproximaban los enemigos, se daba la _____ encendiendo unas enormes hogueras en lo alto de las colinas.

4. Todo ha sido una falsa _____. No ha ocurrido nada.

5. Al leer tu carta, (yo) _____ de veras. ¿Cómo llegó a deteriorarse de tal manera la relación entre tu mujer y tú?

albergar　　*albergue*

1. Los alpinistas no encontraron _____ adecuado y tuvieron que acomodarse como pudieron en una gruta estrecha y húmeda.

2. Al pastor le sorprendió la noche antes de llegar al pueblo y supo improvisar un _____ con ramas, hojas y hierbas para no dormir a la intemperie.

3. Numerosos habitantes se ofrecieron para _____ en sus casas a los evacuados del área damnificada por el desprendimiento de tierra.

4. El valle cubierto de exuberante vegetación _____ muchas especies de flora y fauna en vías de extinción.

alterar(se)　　*alteración*

1. Aquella era una zona con un ecosistema muy frágil. Una mínima _____ de las condiciones climatológicas bastaba para desequilibrarlo.

2. Escucha, Jorge, mantén la colocación de los muebles tal como está y no se te ocurra _____ (la).

3. La fisonomía de la ciudad _____ por completo al ser barrida por una monstruosa tormenta de arena.

4. La masiva concurrencia de visitantes ha causado una irreversible _____ de la temperatura y humedad de la cueva. ¡Miren cómo se han deteriorado las pinturas rupestres!

disputar(se)   disputa

1. Los dos equipos _____ ayer el trofeo más importante del año.

2. ¿No te das cuenta de que las constantes _____ han venido deteriorando nuestras relaciones?

3. No tratéis de involucrarme en vuestras estúpidas _____.

4. ¡Qué escándalo! Los hermanos están _____ violentamente la herencia apenas muertos los padres.

enfocar   enfoque

1. Respecto a la protección del ecosistema de la Antártida, estoy de acuerdo con tu _____.

2. _____ el rayo solar con una lupa, el explorador perdido en aquel islote despoblado consiguió encender una fogata.

3. En el congreso, algunos ponentes plantearon _____ bastante originales en torno al desarrollo sostenible.

4. En aquella reunión internacional, la mayoría de los delegados _____ la explotación de los recursos naturales antárticos a partir de un criterio ecologista.

espectáculo   espectacular

1. La aurora boreal y austral es un fenómeno natural _____.

2. Es realmente _____ la aglomeración de aves marinas en ese paraje de la Antártida.

3. Mi amigo me invitó a un _____ teatral.

4. A los niños les encantan _____ del circo.

5. Susana, si vas a la fiesta así vestida, darás un _____.

fundamental   fundamentalmente

1. Para reducir efectivamente la emisión del dióxido de carbono, es _____ un consenso entre los países altamente industrializados.

2. En la Antártida, la fauna y la flora se desarrollan _____ en la estrecha franja costera.

3. En la parte septentrional de China, la precipitación pluvial se concentra _____ en verano.

4. Para llevar a buen término el proyecto es _____ la colaboración entre los integrantes del equipo.

provisional   provisionalmente

1. En espera de que la residencia estudiantil dispusiera de una habitación libre, me alojé _____ en casa de un amigo.
2. La prohibición _____ de la explotación minera no ha podido impedir que acudan a la Antártida turistas y supuestos científicos.
3. Llovía a cántaros días seguidos y las aguas comenzaban a inundar las aulas. Tuvimos que suspender _____ las clases.
4. Esta es una medida _____. Se está estudiando una solución definitiva del problema.

regular   regulador   regulación

1. La existencia de múltiples selvas tropicales constituye un importante factor _____ del clima mundial.
2. Hace falta una estricta _____ para que cambie semejante situación caótica.
3. No sé qué le pasa a mi calentador. El agua, o sale hirviendo o sale helada. ¿Se habrá estropeado el mecanismo que _____ la temperatura?
4. Mira este interruptor. Basta con girar el botón para _____ la luminosidad.
5. Las _____ económicas recién decretadas estimularán inversiones extranjeras.

retroceder   retroceso

1. Para apreciar bien este cuadro tienes que _____ algunos pasos.
2. Ante la amenaza del desconocido, el perrito _____ asustado.
3. Los representantes sindicales presentaron una nueva propuesta donde resultaban evidentes los _____ en sus reivindicaciones.
4. Todavía no comprendes que fue tu _____ lo que envalentonó a tu rival.

V. **Traduzca al español las siguientes oraciones.**
1. 这是最后的让步。我决不再后退一步。
2. 冰川后退是全球变暖的明显表现。
3. 骗子的所谓友谊使我落入了他的圈套。
4. Felisa 得知侄女病重后十分焦虑。

5. 你看，这个水龙头喷出的水流太强。能不能安装一个零件来调节流量？

6. 要是只来两个人，我还有条件给他们安排住宿。人来的多了，我就没办法了。

7. 邻居家的争吵越来越激烈。

8. 关于这个地区的环境保护，我认为你的看法很到位。

9. 你没注意到？你母亲听了你女朋友的话，脸色明显变了。

10. 麦哲伦地区的树干扭曲弯折，枝条都指向同一处，这景色太不一般了。

11. 要使气候不发生灾难性变化，最根本的就是减少二氧化碳的排放。

12. 眼看着预算拨款一天天减少，总工程师被迫暂时停工。

VI. Conjugue los infinitivos entre paréntesis en tiempos y personas correspondientes o en formas no personales.

Ese día, Samuel madrugó mucho, porque _____ (pensar) ir al mercado a vender sus burros. Se puso en camino, antes de que _____ (salir) el sol, con una manada formada por seis animales. Al cabo de un par de horas, comenzó a sentir que la frescura matutina _____ (retirarse) para ir _____ (ceder) paso a un calor sofocante, lo que le cansó bastante. Entonces montó en uno de los borricos para seguir _____ (viajar) sin demasiada fatiga. En ese momento _____ (ocurrírsele) contar su recua: uno, dos, tres, cuatro, cinco. ¡Le _____ (faltar) uno! Volvió a contar, resultó lo mismo. Muy _____ (preocuparse), se bajó del lomo del burro para ir en busca del que _____ (extraviarse). Como no lo halló regresó adonde estaban sus bestias y las contó otra vez: uno, dos, tres..., seis. Ajá, ¡con qué están todos! Muy contento _____ (subirse) de nuevo al lomo de uno. Al poco rato, _____ (querer) saber si de veras no _____ (perdérsele) ningún jumento y, _____ (señalar) con el dedo, contó: uno, dos, tres, cuatro, cinco. ¡Qué extraño! ¿Dónde _____ (metérsele) el sexto?

En eso, se topó con un amigo suyo, a quien refirió la cosa rara que le _____ (pasar). Este, _____ (mirarlo) con una sonrisa socarrona, dijo:

—_____ (Mirar), debajo de tu culo está el sexto y encima de él, el séptimo.

VII. Lea el texto y complételo con las frases dadas a final del texto.

Desde hace décadas Costa Rica ha hecho suya una ruta de desarrollo inclusiva e innovadora, inspirada en la sostenibilidad ambiental. _____ que le han permitido contribuir a la reducción de las presiones ambientales y posicionar un modelo verde, capaz de generar una vida más saludable. Estas acciones se reconocen en el Informe de Desarrollo 2020 del PNUD, donde Costa Rica es el país que más posiciones sube en el Índice de Desarrollo Humano cuando se ajusta por presiones planetarias (IDH-P). _____.

Costa Rica ha diversificado su matriz eléctrica. El 98% de la energía generada es sostenible y más de un 30% proviene de fuentes limpias no hídricas. _____, creando 149 áreas protegidas que cubren el 26% del territorio continental. Ha incentivado al sector agro-exportador para que adopte prácticas de bajo impacto ambiental y ha propiciado nuevas maneras de gestionar las ciudades.

La ruta que Costa Rica escogió hace muchos años no era la más obvia ni fácil, pero se asumió con convicción. Con el mismo espíritu, ahora le corresponde enfrentar los desafíos actuales. _____, que orienta acciones en materia de transporte, electricidad y agricultura con soluciones basadas en naturaleza. Igualmente es urgente garantizar el adecuado tratamiento de aguas residuales, fortalecer el correcto manejo de los residuos sólidos, avanzar en la sustitución de plásticos de un solo uso y reducir más la dependencia de combustibles fósiles.

_____, inspirada por la convicción de que acción climática es desarrollo y que proteger la naturaleza es prosperidad.

(Extracto de *Derribemos falsos mitos*, Carlos Alvarado y Quesada y José Vicente Troya Rodríguez, *El País*, 25 de octubre de 2021)

a. Costa Rica ha marcado el camino y está redefiniendo el progreso humano

b. Ha avanzado en la recuperación de la cobertura forestal

c. Ha asumido el reto de transformar su economía, reducir la contaminación y generar mecanismos de resiliencia

d. Ha de impulsar mecanismos para disminuir la huella de carbono a la luz de su Plan Nacional de Descarbonización

e. Se ubica como el país de más alto ranking en América Latina y el número 25 a nivel global

07—02

VIII. Escuche la grabación y luego haga un resumen oral.

IX. Temas de debate.

1. La importancia que tiene la Antártida para el ecosistema global.

2. Las consecuencias del cambio climático.

UNIDAD 8
第八课

1 FUNCIÓN COMUNICATIVA

2 EJEMPLOS CON ALGUNOS VOCABLOS Y EXPRESIONES USUALES

comprometer(se); depositar; destinar; extraer; frente a; implicar(se); impulsar; prioridad; reducir; reservar; símbolo; tratar(se)

3 GRAMÁTICA

● Uso del subjuntivo en oraciones de suposición y consecutiva

TEXTO A

La revolución industrial que viene

(Los dos textos son extractos del artículo del mismo título,
El Periódico de México, 20 de julio de 2017)

Frente al modelo tradicional de economía lineal basado en extraer, producir, usar y tirar, la economía circular pasa por reparar, reutilizar y reciclar los recursos. Esta es la revolución industrial del siglo XXI, la base de transformación de la economía.

Ya han surgido algunas empresas con un sistema circular donde todo se transforma y se aprovecha, gracias a una tecnología específica, para tratar y reciclar los productos, para poder reutilizar la materia prima en la propia producción.

En eso lleva la delantera Viena, capital de Austria. El propio Ayuntamiento de la ciudad ha reservado en sus plantas de reciclaje, unos espacios para que los ciudadanos depositen aquellos productos que ya no utilizan, como libros, bicicletas o aparatos electrónicos para repararlos luego si es necesario y venderlos a muy bajo precio en una tienda de segunda mano que hay en el centro de la ciudad. Todos los ingresos que se obtienen se destinan a la protección de animales. Es, sin duda, un gesto simbólico pero que intenta despertar un cambio de mentalidad. Se quería mostrar que los productos que algunas personas creen inservibles aún se pueden utilizar, y de esa manera muchas otras van a encontrar a bajo precio lo que necesitan.

De mayor calado son algunos cambios que han sucedido en Austria en el ámbito judicial. En una sentencia sin precedentes en toda Europa, la corte administrativa federal austriaca rechazó el pasado mes de febrero los planes de ampliación del aeropuerto de Viena bajo el argumento de que una tercera pista en el aeródromo implicaría un aumento significativo de las emisiones del país. Todo ello en un momento en el que, según el acuerdo del clima de París y los compromisos con la Unión Europea, Austria se ha comprometido a reducir sus emisiones de dióxido de carbono y la ampliación haría más difícil alcanzar esos objetivos. El tribunal ha decidido que los objetivos ambientales de largo plazo tienen prioridad frente a la creación de empleo o el desarrollo económico inmediatos. La justicia lanza un mensaje muy importante. De acuerdo con la jurisprudencia que crea esta sentencia, si inviertes en una infraestructura que produce elevadas emisiones de CO_2 (bióxido de carbono), quizás tu inversión no tenga una vida útil dentro de 20 años. Es decir, que en este momento invertir en infraestructuras con uso intensivo de carbono es una inversión de alto riesgo.

No pocos especialistas insisten en la necesidad de introducir un marco político y económico para impulsar ese cambio de modelo y señalan que en eso juega un papel decisivo la política fiscal. Hay que imponer una tasa ambiental que penalice el consumo de materias primas y la utilización de recursos a cambio de abaratar la fiscalidad y el coste del empleo. Es más fácil hacer ese cambio estructural si se toman las decisiones apropiadas cuanto antes, exigiendo que las empresas adapten a ellas su planificación, sus infraestructuras y sus inversiones pronto.

El Parlamento Europeo ha aprobado un paquete de economía circular, que busca un enfoque integral al modelo, pero que aún pone demasiado el acento en los objetivos de reciclaje, por otro lado muy ambiciosos y de gran potencial, según algunos estudiosos. Lo que se requiere es un diseño con enfoque ecológico desde el principio y en segundo lugar crear infraestructuras y medios para la reparación.

TEXTO B

Logroño alberga el primer laboratorio europeo de economía circular, The Circular Lab, una iniciativa promovida por Ecoembes para trabajar de forma integral sobre todas las fases del ciclo de vida del producto, que en este caso son los envases y la gestión municipal de las basuras. Una cuestión no menor ya que en los próximos 30 años, dos tercios de la población mundial vivirán en ciudades y el 70 % de los residuos domésticos son envases.

El laboratorio pretende ir más allá de la cultura del reciclado a través de cuatro líneas de trabajo: programas para mejorar la recogida de residuos, la importancia de los envases y del inicio de la cadena productiva desde el ecodiseño, la concienciación ciudadana y el impulso al emprendimiento con programas que aborden el cambio de modelo de forma transversal.

La apuesta europea por la economía circular cobra especial relevancia tras la firma del acuerdo de París contra el cambio climático en 2015. "Europa está asumiendo el liderazgo mundial en la descarbonización de la economía", sentencia Óscar Martín, consejero delegado de Ecoembes.

TAREAS QUE DEBE EFECTUAR EL ALUMNADO ANTES DE LA CLASE

I. Consulte el diccionario español—español (o uno bilingüe en caso estrictamente necesario) para informarse de la acepción en que se usan en el texto los siguientes vocablos o grupos léxicos polisémicos y decir luego lo que significan en chino.

extraer	reciclar	llevar la delantera
reservar	depositar	calado
corte	aeródromo	implicar
comprometerse	prioridad	justicia
jurisprudencia	marco	fiscal
tasa	penalizar	abaratar
fiscalidad	paquete	enfoque
integral	albergar	concienciación
emprendimiento	transversal	apuesta
tablero	sentenciar	

II. Interprete el significado de las siguientes expresiones y diga sus versiones en chino.

1. economía lineal.
2. economía circular.
3. tasa ambiental.
4. descarbonización.
5. consejero delegado.

III. Traduzca al chino las siguientes oraciones.

1. Es, sin duda, un gesto simbólico pero que intenta despertar un cambio de mentalidad.
2. De mayor calado son algunos cambios que han sucedido en Austria en el ámbito judicial.
3. El tribunal ha decidido que los objetivos ambientales de largo plazo tienen prioridad frente a la creación de empleo o el desarrollo económico inmediatos.
4. De acuerdo con la jurisprudencia que crea esta sentencia, si inviertes en una infraestructura que produce elevadas emisiones de CO_2, quizás tu inversión no tenga una vida útil dentro de 20 años.

5. No pocos especialistas insisten en la necesidad de introducir un marco político y económico para impulsar ese cambio de modelo y señalan que en eso juega un papel decisivo la política fiscal.

6. Hay que imponer una tasa ambiental que penalice el consumo de materias primas y la utilización de recursos a cambio de abaratar la fiscalidad y el coste del empleo.

7. Es más fácil hacer ese cambio estructural si se toman las decisiones apropiadas cuanto antes, exigiendo que las empresas adapten a ellas su planificación, sus infraestructuras y sus inversiones pronto.

8. El Parlamento Europeo ha aprobado un paquete de Economía circular, que busca un enfoque integral al modelo, pero que aún pone demasiado el acento en los objetivos de reciclaje, por otro lado muy ambiciosos y de gran potencial, según algunos estudiosos.

EJEMPLOS CON ALGUNOS VOCABLOS Y EXPRESIONES USUALES

I. comprometer(se)

A. *tr.*

1. El modelo tradicional del desarrollo económico puede **comprometer** la calidad de vida de las generaciones futuras.

2. Perdón, Beatriz, no quería **comprometerte** cuando decidí contar el secreto de nuestras familias.

B. *prnl.*

1. El gobierno **se ha comprometido** a mejorar la vida de la población.

2. No deberías **haberte comprometido** a reservarle a Daniel una habitación en el hotel, sabiendo que en temporada alta eso es muy difícil, si no totalmente imposible.

3. Hace tiempo, el Ayuntamiento de mi ciudad natal **se comprometió** a abandonar el actual sistema económico lineal para sustituirlo por uno circular.

C. **compromiso** *m.*

1. Algunas potencias se niegan a cumplir su **compromiso** de reducir sus emisiones de dióxido de carbono.

2. Oye, Marta, siento no poder acudir a tu fiesta de cumpleaños. Tengo otro **compromiso**.

3. Nos sorprendió a todos que Inés y Lucas anunciasen tan pronto su **compromiso** matrimonial.

II. depositar

A. *tr.*

1. El joven matrimonio **deposita** mensualmente cierta cantidad de dinero en el banco para financiar los estudios de su única hija.

2. Un pastor descubrió en una gruta unas joyas de gran valor que alguien **había depositado** ahí y que nunca regresó por ellas.

3. El técnico **depositó** cuidadosamente el aparato averiado en la mesa y comenzó a repararlo.

4. Chico, no debes defraudar la esperanza que **han depositado** en ti tus padres.

B. **depósito** *m.*

1. Tienes que hacer un **depósito** antes de alquilar la casa.

2. En este inmenso **depósito** se guarda toda el agua potable del pueblo.

3. Llena el **depósito** de gasolina del coche antes de salir. No quiero parar durante el viaje.

III. destinar

A. *tr.*

1. La empresa **destinó** cierta cantidad de inversión para reciclar los televisores que los clientes habían devuelto.

2. En cuanto nací, mis padres **destinaron** todos sus esfuerzos y ahorros para financiarme mis futuros estudios universitarios.

3. El ministro de Exteriores decidió **destinar** a Enrique a la Embajada china acreditada en Viena, Austria.

B. **destino** *m.*

1. El modelo tradicional de economía lineal basado en extraer, producir, usar y tirar está comprometiendo el **destino** de toda la Humanidad.

2. ¿Cuáles son los factores que determinan el **destino** de una persona?

3. El próximo tren con **destino** a Tres Cantos va a efectuar su parada.

IV. extraer

A. *tr.*

1. No te imaginas las inhumanas condiciones en que trabajaban mi abuelo y sus compañeros para **extraer** carbón de las profundidades de la tierra.

2. ¿Cómo se llama el fruto del que **se extrae** este aceite?

3. Me horroricé al ver el instrumento que tenía el dentista para **extraerme** una muela cariada.

B. **extracción** *m*.

1. Es muy costosa la **extracción** de ese raro metal.

2. ¿Se realiza todavía la **extracción** manual del aceite de oliva?

3. A pesar de su humilde **extracción** social, gracias a su esfuerzo Hortensia ha conseguido el título de doctora en medicina.

V. frente a *loc. prep.*

1. **Frente al** deterioro ambiental, los gobiernos deberían tomar medidas urgentes para atajarlo.

2. Hay que hacer **frente a** todo el despilfarro de recursos naturales que se podrían reciclar y reutilizar.

3. No supimos qué decir **frente a** una mentalidad tan retrógrada como la de esa gente.

VI. implicar(se)

A. *tr*.

1. Escuchad: no me **impliquéis** en este asunto. No me parece decente, ni mucho menos legal.

2. Un desarrollo económico sostenible **implica** el abandono del tradicional modelo lineal.

3. La ampliación de esa empresa, que ya emite elevadas emisiones de CO_2 **implicaría** el empeoramiento de las condiciones ambientales.

B. *prnl*.

1. Por ignorancia y codicia, Carlos **se implicó** en un acto delictivo y tuvo que atenerse a las consecuencias.

2. Según la ley, quien haya bebido alcohol correrá mucho más elevado riesgo de verse implicado en un accidente que alguien que no haya bebido nada.

VII. impulsar

A. *tr*.

1. El último aumento del presupuesto tiene por objetivo **impulsar** la investigación científica.

2. La nueva jurisprudencia que ha creado el tribunal ha contribuido a **impulsar** el cambio de mentalidad sobre el modelo de desarrollo económico.

3. Aquel decreto gubernamental **impulsó** la adaptación del sistema económico a las nuevas necesidades sociales.

B. **impulso** *m.*

1. El deportista tomó **impulso** para iniciar la carrera.

2. Las palabras de ánimo de la profesora supusieron un enorme **impulso** para continuar con mis estudios.

3. Los cambios en el consumo de la sociedad están dando un **impulso** a los productos reciclados.

VIII. prioridad *f.*

1. Al elaborar cualquier proyecto de desarrollo económico, hay que dar **prioridad** a la protección ambiental.

2. Es un error dar **prioridad** a los beneficios económicos inmediatos.

3. Los bomberos que acudieron a apagar el incendio y rescatar a la gente, advirtieron que las mujeres y los niños tenían **prioridad**.

IX. reducir *tr.*

1. La mayoría de los gobiernos se comprometieron a **reducir** las emisiones del dióxido de carbono.

2. Debido a la crisis económica, numerosas familias se vieron obligadas a **reducir** sus gastos.

3. Los constantes bombardeos **redujeron** a cenizas varias ciudades del país.

4. La policía trató de **reducir** a los manifestantes, pero en vano.

X. reservar *tr.*

1. Pedí a una amiga que vive en París que me **reservase** una habitación en un hotel barato.

2. Este dinero me lo **reservo** para comprarme un nuevo ordenador.

3. Si quieres ir al concierto, tienes que **reservar** tu entrada en la página web de la Ópera Nacional.

XI. símbolo

A. *m.*

1. Una paloma blanca con un ramito de olivo en el pico es **símbolo** de la Paz.

2. En China, el color rojo es **símbolo** de la alegría y felicidad, pero en España, simboliza la sangre, la matanza, la crueldad.

3. El **símbolo** químico del hierro es *Fe*.

B. **simbólico, ca** *adj.*

1. No entiendo nada de esa pintura: es demasiado **simbólica**.

2. Solo recibí una cantidad **simbólica** de dinero como remuneración por mi trabajo.

3. No abrigues mucha ilusión. Su ofrecimiento no es nada más que un gesto **simbólico**.

XII. tratar(se)

A. *tr.*

1. El anciano matrimonio me **trató** con mucho cariño como si yo fuera su hijo.

2. Por favor, no me **tratéis** de usted. Tuteadme.

3. El agua está contaminada. Hay que **tratarla** para hacerla potable.

4. En la conferencia, muchos ponentes **trataron** el problema de modelo de desarrollo económico sostenible.

B. *intr.*

1. Te lo advierto: no **trates** con esa gente, te puede estafar.

2. A nadie le gusta **tratar** con hipócritas.

3. Jaime es muy tímido e introvertido. No sabe cómo **tratar** con los demás.

C. *intr.*

1. Les recomiendo un libro que **trata** sobre la inteligencia artificial.

2. Fue un debate que **trataba** sobre la protección del medio ambiente.

3. El artículo **trata** de las regulaciones judiciales relacionadas a con la compraventa de productos ecológicos.

D. *prnl.*

1. Ya entiendo: **se trata** de una cuestión que nos interesa a todos.

2. ¿Todavía no se han dado cuenta? **Se trata** de cómo reducir emisiones del dióxido de carbono.

3. **Se trata** de que todas las naciones del mundo colaboren estrechamente en implantar un nuevo modelo de educación.

E. **tratar de** + *inf.*

1. **Tratamos de** convencer al consejero delegado de que aceptara la propuesta del ingeniero recién incorporado a nuestro equipo.

2. Actualmente cada día más empresas **tratan de** usar energías renovables y menos contaminantes.

3. **Traté de** reparar yo mismo el televisor averiado, pero fui incapaz de hacerlo.

GRAMÁTICA

Uso del subjuntivo en oraciones de suposición y consecutiva

El siguiente párrafo contiene una serie de oraciones subordinadas en las que se emplea el modo subjuntivo. ¿Sabe usted explicar por qué?

1) Se entiende por economía sostenible un patrón de crecimiento que **concilie** el desarrollo económico, social y ambiental en una economía productiva y competitiva, que favorezca el empleo de calidad, la igualdad de oportunidades y la cohesión social, y que ***garantice*** el respeto ambiental y el uso racional de los recursos naturales, ***de forma que permita*** satisfacer las necesidades de las generaciones presentes sin comprometer las posibilidades de las generaciones futuras para atender sus propias necesidades.

Todos estos verbos subordinados en subjuntivo tienen la función de indicar que *un patrón de crecimiento* es todavía algo por fijarse: se refieren a sucesos que se producirán en el futuro. De ahí la necesidad del uso del modo subjuntivo.

2) El Gobierno ha prometido promulgar una nueva ley que ***regule*** el reparto de la riqueza entre la población para hacerlo más equitativo.

3) Bastantes empresas se habían comprometido a reservar unos espacios donde los habitantes ***depositasen*** los objetos que ***consideraran*** inservibles para que fueran reparados o reciclados, y luego poder reutilizarlos.

Además, locuciones consecutivas como *de forma que*, que indican consecuencia, efecto o resultado, suelen llevar una oración subordinada en la que se exige el modo subjuntivo:

4) Es urgente crear un sistema económico circular para evitar el derroche de los recursos naturales ***de forma que*** las generaciones venideras ***puedan*** seguir utilizándolos en su beneficio.

5) El joven matrimonio intentó por todos los medios reducir sus gastos, ***de manera que pudiese*** llegar a fin de mes.

TAREAS QUE SE EFECTÚAN EN CLASE

I. **Escuche la grabación y conteste a las siguientes preguntas relacionadas con el contenido del texto.**

II. **Ponga el infinitivo entre paréntesis en el tiempo y persona correspondientes.**

1. En ese país, que lleva la delantera en el cambio del sistema económico, se han decretado leyes que _____ (regular) estrictamente las emisiones del dióxido de carbono.

   En ese país, que llevará la delantera en el cambio del sistema económico, se decretarán leyes que _____ (regular) estrictamente las emisiones del dióxido de carbono.

2. Ya han surgido algunas empresas con un modelo circular, donde todo _____ (transformarse) y _____ (aprovecharse), gracias a una tecnología específica, para poder reutilizar la materia prima en la propia producción.

   Van a surgir bastantes empresas con un modelo circular donde todo _____ (transformarse) y _____ (aprovecharse), gracias a una tecnología específica, para poder reutilizar la materia prima en la propia producción.

3. El propio Ayuntamiento de la ciudad ha reservado en sus plantas de reciclaje, unos espacios en los que los ciudadanos _____ (depositar) aquellos productos que ya no _____ (utilizar) para repararlos y reutilizarlos.

   El propio Ayuntamiento de la ciudad reservará en sus plantas de reciclaje, unos espacios en los que los ciudadanos _____ (depositar) aquellos productos que ya no _____ (utilizar) para repararlos y reutilizarlos.

4. Se destinan a la protección ambiental todos los ingresos que _____ (obtenerse) de la reventa de los productos reparados o reciclados.

   Se destinarán a la protección ambiental todos los ingresos que _____ (obtenerse) de la reventa de los productos reparados o reciclados.

5. El tribunal rechazó varios proyectos de obras de construcción que _____ (implicar) un aumento significativo de las emisiones de dióxido de carbono.

   El tribunal rechazará cualquiera proyecto de obras de construcción que _____ (implicar) un aumento significativo de las emisiones de dióxido de carbono.

6. Esa empresa ha sido penalizada porque ha invertido en una infraestructura que _____ (producir) elevadas emisiones de CO_2.

   Esa empresa ha recibido la advertencia de ser penalizada si insiste en invertir en una infraestructura que _____ (producir) elevadas emisiones de CO_2.

III. Traduzca al español las siguientes oraciones.

1. 当时市长说市政府准备颁布一项新规定，禁止机动车在文化遗产城区行驶。

2. 部长刚刚确认将新建一条高速公路把工业区和农业区连接起来。

3. 当时政府承诺将采取有利于环境改善的新举措。

4. 目前一个专家小组正在研究一项促进教育质量（提高）的方案。

5. 那几年，国家宣布鼓励一切推动经济发展的结构性改革。

6. 当前，必须禁止在造成二氧化碳排放明显增加的基建项目上投资。

7. 最近，我们企业引进了一项新技术来回收废塑料，不过我们还没决定将由此产生的利润用在何处。

8. 当时，大多数居民赞同颁布一项向污染环境的企业征收环境税的法规。

IV. Complete las siguientes oraciones utilizando los siguientes verbos en su forma transitiva, intransitiva o pronominal según corresponda.

comprometer(se)　　depositar(se)　　destinar(se)　　extraer(se)　　implicar(se)

impulsar(se)　　reducir(se)　　reservar(se)　　tratar(se)

1. Como la sequía se prolongaba, el gobierno exhortaba a la población a que _____ el consumo de agua.

2. Ya te he advertido de que no _____ en ese asunto porque te puede complicar la vida, pero tú ni caso. Pues atiende ahora las consecuencias.

3. Nos extrañó que el delegado de aquel país no _____ en la conferencia el problema relacionado con el cambio climático y el grave empeoramiento del medio ambiente.

4. El Ayuntamiento decidió _____ una considerable cantidad de dinero al mejoramiento de la infraestructura urbana.

5. Poca gente sabía que la ampliación del aeropuerto _____ un notable aumento de las emisiones del dióxido de carbono.

6. Como _____ poco dinero a la investigación científica, en este ámbito apenas se notan progresos.

7. Tu imprudencia nos _____ a todos. Ahora ninguna entidad está dispuesta a invertir en nuestro proyecto.

8. ¿De qué materia prima _____ esa sustancia?

9. El alcalde _____ a mejorar la higiene pública de esas zonas residenciales.

10. No está claro cómo maneja el banco el dinero y la confianza que sus clientes _____ _____ en él.

11. Llegará un momento que del subsuelo ya no _____ ninguna gota de petróleo. ¿Qué será de la humanidad?

12. Se ha invertido una gran cantidad de dinero para _____ la investigación en ecología.

13. No _____ ningún proyecto con una actitud apática.

14. Miren ustedes, aquí _____ todos los utensilios considerados inservibles.

15. No insistas más: a mí no me gusta _____ con esa gente.

16. Con el decreto de la nueva jurisprudencia, el gobierno _____ de impulsar el cambio de la mentalidad.

17. Si _____ algo importante, llámame.

18. En temporada alta es difícil _____ habitaciones en hoteles.

V. Traduzca al español las siguientes oraciones.

1. 听着，眼下你什么也别告诉 Felipe。我不想因为这件事给他添麻烦。

2. 当时，Elisa 羞怯地对我们说，她只能象征性地给基金会捐助一点钱。我们告诉她，别担心，我们关注的不是钱数，而是对我们的支持。

3. 面对环境的严重恶化，应该优先考虑有助于降低二氧化碳排放量的举措。

4. 开采这种矿石意味着增加污染。

5. 新政府承诺用增加预算来推动经济发展模式转型。

6. Raquel 刚毕业就被分配到中国驻某西班牙语国家的使馆（工作）。

7. 新婚夫妇一直设法在银行存点钱以防万一。

8. 瞧那边，你可以在拐角处的办事处预订机票。

VI. Lea el texto y marque con una ✓ la opción entre paréntesis que considere adecuada.

El proyecto de ampliación del Aeropuerto Josep Tarradellas Barcelona-El Prat lleva más de un año (realizándose; debatiéndose) y en las (siguientes; próximas) semanas debería resolverse (si; sí) consigue alargar la tercera pista de aterrizaje. Aena, impulsora (en el; del) plan, lanzó oficialmente la idea hace más de un año y quiere empezar (unas; las) obras en 2024. (A; Por) favor de esta opción están la empresa pública y el empresariado catalán; (frente; enfrente) los ayuntamientos del Prat y Barcelona, la Generalitat y (unos; los) ecologistas.

(De hecho; En realidad) (detrás del; tras) el proyecto emerge el gran debate (con fondo; de fondo) sobre el futuro de grandes infraestructuras como los aeropuertos en plena crisis climática, (asimismo; así como) el modelo económico de Barcelona, que se convirtió en la última década en (un capital turístico; una capital turística) mundial.

"Somos ya una ciudad global y conectada, con (excesiva; reducida) contaminación, pero de eso no se habla", (se conformaba; lamentaba) la concejal de Ecología, Urbanismo y Movilidad, Janet Sanz, quien ha propuesto reducir progresivamente los vuelos cortos que tengan una (opción; competencia) de menos de siete horas en tren. La razón es que en un momento en que la aviación no tiene una (fuente de; alternativa a) los combustibles fósiles, un aumento de los vuelos, que seguramente (iría; ha ido) asociado a más emisiones de CO_2, va (conforme a; en contra de) la declaración institucional de emergencia climática que precisamente se compromete a (aumentar; reducir) emisiones.

VII. Ponga los infinitivos entre paréntesis en tiempo y persona correspondiente o en formas no personales.

—Lo que dice Melchor es verdad —acepta Salom, _____ (mirar) a Gomá—. Seguro que en la Terra Alta hay más de uno y más de dos que _____ (pensar) eso de Adell. Es Natural, ¿no le _____ (parecer)? Usted mismo lo _____ (decir) esta mañana, subinspector: los ricos suelen tener enemigos. Y Adell era muy rico. Además, el éxito siempre _____ (provocar) envidias, no _____ (decir, nosotros) el éxito de un hombre como Adell, que _____ (venir) prácticamente de la nada y encima _____ (quedarse) huérfano de niño, creo que su padre era jornalero... Adell _____ (ser) lo que _____ (llamarse) un hombre _____ (hacerse) a sí mismo. A esa clase de gente en otros países los _____ (admirar), pero en el nuestro no. Esto es así, para qué _____ (engañarse, nosotros). Y lo único que yo digo es que, aunque es imposible hacer una fortuna como la de Adell sin _____ (ganarse) algún enemigo, algún competidor humillado o algún empleado despedido de mala manera, aquí en la Terra Alta lo que _____ (predominar) es el aprecio y la gratitud por él, un hombre que al fin y al cabo _____ (traer) prosperidad a esta tierra y _____ (dar) trabajo a muchas familias. Pero quién sabe, quizá estoy _____ (equivocarse).

(*Tierra Alta*, Javier Cercas, p.88, Planeta, Barcelona, 2019)

08—02

VIII. Escuche la grabación y luego haga un resumen oral.

IX. Temas del debate.

1. Síntomas del cambio climático.

2. Defectos del tradicional modelo económico.

3. Sostenibilidad del desarrollo económico.

UNIDAD 9
第九课

1 FUNCIÓN COMUNICATIVA

2 EJEMPLOS CON ALGUNOS VOCABLOS Y EXPRESIONES USUALES

atribuir; comportarse; confundir; eliminar; experimentar; factor; integrar; obvio, via; preceder; propiamente; razonar; transmitir

3 GRAMÁTICA

● Concordancia de tiempo: el uso hipotético del condicional simple

¿Qué es cultura?

(Ambos textos son extractos de *La naturaleza de la cultura*, E. Adamson Hoebel, de *Man, Culture y Society,* compilado por Harry L. Shapiro; versión española: *Hombre, Cultura y Sociedad*, traducida por Mayo Antonio Sánchez, Fondo de Cultura Económica, México, D. F., 1993)

Es obvio el hecho de que en diferentes sociedades la gente se comporta de diferente manera en determinados casos. Los especialistas atribuyen esto a la diferencia de las culturas a que pertenece cada cual. De modo que se puede afirmar que la cultura es la suma total integrada de rasgos de conducta aprendida que son manifestados y compartidos por los miembros de una sociedad.

El factor de conducta aprendida tiene importancia fundamental. Es esencial al concepto de cultura. La cultura es, por tanto, un resultado total de la invención social de la cual se han eliminados los instintos, reflejos innatos y cualquier otra forma de conducta biológicamente heredada y debe considerarse como una herencia social, ya que se trasmite por precepto a cada nueva generación y está salvaguardada continuamente por el castigo a aquellos miembros de una sociedad que rehúsan seguir los patrones de conducta que han sido establecidos para ellos en la cultura.

No deben confundirse la vida social como tal y los procesos culturales. Además del hombre, hay muchos animales que experimentan la vida social y aun poseen organización social. La compleja estructura de una sociedad de hormigas revela una sorprendente división del trabajo entre la reina, las obreras, las guerreras y los zánganos. Sin embargo, a pesar de toda su complejidad, la organización de una sociedad de hormigas no reside en la cultura sino en el instinto. Hasta donde podemos decir, no hay trasmisión de la conducta a través del aprendizaje. Un conjunto de huevos de hormiga, propiamente incubados sin la presencia de ninguna hormiga adulta, producirá un grupo de hormigas que al llegar a la madurez repetirán en todo detalle toda la conducta de las miríadas de generaciones de la especie que las precedieron.

¿Ocurriría lo mismo si un conjunto de bebés humanos fueran aislados de toda supervisión, cuidado y adiestramiento por parte de los adultos? Asumiendo que pudieran sobrevivir, lo que ciertamente no ocurriría, no podríamos esperar que manifestaran ninguno de los rasgos especiales de conducta que caracterizaron a sus padres. Estarían desprovistos de lenguaje, herramientas complicadas, utensilios, fuego, artes, religión, gobierno, y todos los otros aspectos de la vida que distinguen al hombre entre los animales. Podrían comer y beber, y, cuando adultos, se aparearían, y presumiblemente encontrarían abrigo, ya que éstas serían respuestas directas a impulsos biológicos básicos. Su conducta sería instintiva y, en gran medida, fortuita. Pero lo que ellos comieran y como lo comieran no estaría de acuerdo con los gustos y paladares especializados de los hombres como los conocemos ahora. Ni buscarían pareja conforme a las reglas limitadoras y canalizadoras que dan a cada sociedad humana sus características sexuales presentes. Abandonadas solamente a sus propios recursos instintivos, las crías de los hombres aparecerían como frutos subdesarrollados, aunque es probable que pronto uniformarían su conducta de acuerdo con lo que uno u otro hubiera descubierto. Pronto tomaría forma una cultura rudimentaria. Las respuestas específicas a los impulsos generalizados del instinto rápidamente vendrían a ser los patrones específicos de cultura.

La capacidad humana para la cultura es una consecuencia del complejo y plástico sistema nervioso del hombre. Éste permite al hombre hacer ajustes en la conducta sin pasar por una modificación biológica de su organismo. Hasta este momento es el producto final de todo el proceso de evolución orgánica e inorgánica que se ha movido en la dirección de la creciente complejidad del organismo, incluyendo el sistema nervioso. Solamente en el hombre el sistema nervioso ha alcanzado la etapa de complejidad y adaptabilidad necesarias para hacer posible la creación y el mantenimiento de la cultura por medio de un raciocinio complejo, la posesión de un amplio margen de memoria para los detalles y el uso de símbolos verbales: el lenguaje.

TEXTO B

¿Es única la cultura humana?

Sería un error nacido de la auto adulación si pensáramos que por debajo del nivel del hombre no existen muestras de la capacidad creadora de la cultura. Nuestros parientes cercanos en la familia de los primates son capaces de inventar nuevas formas de conducta en la solución de algunos de los problemas más simples que les han planteado los psicólogos que experimentan con la conducta animal. Aparentemente esos animales también pueden razonar en niveles muy elementales. Los famosos experimentos de Wolfgang Köhler demostraron por primera vez el ingenio e inteligencia de los chimpancés para unir bastones, apilar cajas y abrir cerrojos para poder llegar a sus objetivos, que generalmente eran bananas. Además, ya se ha establecido perfectamente que los chimpancés pueden aprender de otros y entre sí los nuevos descubrimientos e invenciones de uno de los miembros del grupo. La trasmisión del descubrimiento se extiende por imitación. Un nuevo y aprendido patrón de conducta es temporalmente compartido por la sociedad de chimpancés. Es éste un elemento de cultura naciente.

TAREAS QUE DEBE EFECTUAR EL ALUMNADO ANTES DE LA CLASE

I. Consulte el diccionario español—español (o uno bilingüe en caso estrictamente necesario) para informarse de la acepción en que se usan en el texto los siguientes vocablos o grupos léxicos polisémicos y decir luego lo que significan en chino.

atribuir	integrar
rasgo	innato, ta
precepto	salvaguardar
rehusar	patrón
experimentar	zángano, na
incubado, da	miríada
aparearse	desprovisto, ta
presumiblemente	abrigo
fortuito, ta	conforme a
paladar	canalizador, ra
uniformar	rudimentario, ria
plástico	raciocinio
primate	razonar
cerrojo	apilar

II. Diga de dónde se derivan las siguientes palabras.

guerrero, complejidad, trasmisión, aprendizaje, madurez, supervisión, adiestramiento, desprovisto, caracterizar, presumiblemente, biológico, instintivo, canalizador, uniformar, modificación, creciente, nervioso, adaptabilidad, mantenimiento, posesión, autoadulación, psicólogo, elemental, naciente

III. Traduzca al chino las siguientes oraciones.

1. Los especialistas atribuyen esto a la diferencia de las culturas a que pertenece cada cual.

2. De modo que se puede afirmar que la cultura es la suma total integrada de rasgos de conducta aprendida que son manifestados y compartidos por los miembros de una sociedad.

3. El factor de conducta aprendida tiene importancia fundamental. Es esencial al concepto de cultura.

4. La cultura es, por tanto, un resultado total de la invención social de la cual se han eliminados los instintos, reflejos innatos y cualquier otra forma de conducta biológicamente heredada y debe considerarse como una herencia social, ya que se trasmite por precepto a cada nueva generación y está salvaguardada continuamente por el castigo a aquellos miembros de una sociedad que rehúsan seguir los patrones de conducta que han sido establecidos para ellos en la cultura.

5. No deben confundirse la vida social como tal y los procesos culturales.

6. Asumiendo que pudieran sobrevivir, lo que ciertamente no ocurriría, no podríamos esperar que manifestaran ninguno de los rasgos especiales de conducta que caracterizaron a sus padres.

7. Su conducta sería instintiva y, en gran medida, fortuita.

8. Ni buscarían pareja conforme a las reglas limitadoras y canalizadoras que dan a cada sociedad humana sus características sexuales presentes.

9. ... es probable que pronto uniformarían su conducta de acuerdo con lo que uno u otro hubiera descubierto.

10. Las respuestas específicas a los impulsos generalizados del instinto rápidamente vendrían a ser los patrones específicos de cultura.

EJEMPLOS CON ALGUNOS VOCABLOS Y EXPRESIONES USUALES

I. atribuir *tr.*

1. —¿A qué **atribuyes** el cambio climático global?

   —Lo **atribuyo** fundamentalmente a las actividades humanas.

2. Lo siento mucho, señores. Ustedes me han **atribuido** una excelente obra pictórica que no soy capaz de crear.

3. Desgraciadamente tuve un jefe tan vanidoso como déspota: solía **atribuirse** buenas labores que habían realizado sus subalternos.

II. comportarse

A. *prnl.*

1. ¡Pero chico, no hagas tanto ruido cuando comes! ¿No te han enseñado cómo **comportarte** en la mesa?

2. Se celebró un acto solemne para homenajear a la joven novelista por su éxito. Como era la primera vez que se hallaba en un ambiente de tanta pomposidad y solemnidad, la pobre no sabía cómo **comportarse**.

3. Mira el jaleo que arman esos turistas. Personas educadas no **se comportarían** de esa manera.

B. **comportamiento** *m.*

1. Casi todos los compañeros de Pinto fueron apartándose de él debido a su mal **comportamiento**.

2. ¿Sabes lo que te digo? Tu indigno **comportamiento** nos llena de vergüenza a todos.

3. El niño creía que sus padres se orgullecerían de su **comportamiento** en el colegio.

III. confundir

A. *tr.*

1. No **confunda** usted la *r* con la *rr*.

2. **Confundí** el bolígrafo con el cigarrillo y por eso me extrañaba que no se encendiera al acercarle el mechero.

B. *prnl.*

1. Los muchachos llegaron a la plaza y al instante **se confundieron** entre la multitud.

2. Son dos hermanos gemelos tan parecidos que **me confundo** cada vez que quiero dirigirme a uno de ellos.

3. Cuanto más hablas más **confundido** me dejas.

C. **confuso, sa** *adj.*

1. En tu trabajo hay algunos párrafos muy **confusos**. Tienes que volver a redactarlos.

2. Con sus indicaciones contradictorias uno se queda **confuso** sin saber qué hacer.

D. **confusión** *f.*

1. ¡Vaya **confusión**! Yo creía que tú no querías hacer el viaje con nosotros.

2. Ha sido toda una **confusión**. No me malinterpretes, solo quería ayudar.

IV. eliminar

A. *tr.*

1. En tu redacción he visto muchas expresiones redundantes. **Elimínalas**.

2. ¿Sabes por qué a Bernardo lo **han eliminado** del concurso de poesía?

3. Los riñones son órganos muy importantes, porque sirven para **eliminar** del cuerpo algunas substancias tóxicas.

B. **eliminación** *f.*

1. La **eliminación** sistemática de una comunidad étnica se llama genocidio.

2. Resulta bastante preocupante la **eliminación** de algunos artículos de la Constitución. ¿Será un retroceso de la democratización?

C. **eliminatorio, ria** *adj.-s.*

1. En el concurso se aplicará un sistema **eliminatorio**, de modo que prepárate para pasar por tres pruebas cada vez más duras.

2. La joven concursante se sintió muy optimista al pasar la primera **eliminatoria**.

V. experimentar

A. *tr.*

1. Los farmacéuticos estaban **experimentando** un nuevo medicamento para curar el cáncer pulmonar.

2. Nuestra profesora decía que iba a **experimentar** con nosotros un nuevo método para enseñar gramática del español con mejor resultado.

3. Es la primera vez que vivo apartado de mi familia y mis amigos, por eso comienzo a **experimentar** una soledad insoportable.

4. Cuando los mismos visitantes llegaron por segunda vez a esa ciudad, se sorprendieron enormemente de los cambios que **se habían experimentado** en ella.

B. **experimento** *m.*

1. ¿Qué **experimento** se puede hacer para comprobar la teoría de relatividad formulada por Albert Einstein?

2. La Asociación Protectora de Animales se oponen a los **experimentos** científicos utilizando animales.

3. Los **experimentos** han demostrado que los gorilas son capaces de comunicarse con los humanos mediante signos abstractos.

C. **experimental** *adj.*

1. Las ciencias **experimentales** han contribuido al avance tecnológico del mundo moderno.

2. No se puede comercializar por el momento ese medicamento, porque todavía está en fase **experimental**.

VI. factor *m*.

1. Evidentemente, las actividades humanas constituyen el principal **factor** que causa el cambio climático, pero tampoco se puede descartar la influencia de algunos otros.

2. ¿Cuáles son los **factores** que determinan la diferencia de comportamiento observada en diferentes sociedades?

3. ¿Crees que la herencia genética es el **factor** determinante de la personalidad de cada uno?

VII. integrar

A. *tr.*

1. El nuevo equipo de investigación está **integrado** por científicos de muy variadas disciplinas.

2. ¡Cuidado con el tipo ese! Es un fanático religioso y procura **integrar** a jóvenes en su secta fundamentalista.

B. *prnl.*

1. A causa de la corrupción del partido que detenta el poder, cada día más gente **se va integrando** en los de la oposición.

C. **integración** *f.*

1. Habrá que establecer un organismo encargado de la **integración** de los exreclusos en la sociedad.

2. La **integración** de Joaquín y Fernando en nuestro equipo de fútbol lo ha reforzado notablemente.

3. Todo el personal se escandalizó de la **integración** de un tipo indeseable en la directiva de la universidad.

D. **integral** *adj.*

1. El pueblo le exige al gobierno una reforma **integral**.

2. Se nota que ustedes han recibido una educación **integral**.

3. ¿Sabes qué es harina **integral**, o pan **integral**?

VIII. obvio, via *adj.*

1. Sí, admito que es **obvia** la diferencia de comportamiento que se observa en diferentes comunidades culturales, pero supongo que siempre debe de existir un conjunto de normas éticas que se comparten universalmente.

2. Los buenos modales en una persona no son innatos. Es **obvio** que forman parte del conjunto de conducta aprendida.

3. Ya me parecía **obvio** el malestar de tu amiga, pero tú insistías en seguir hablando del asunto que no le agradaba. Ahora, ya ves la consecuencia.

IX. preceder *intr.*

1. ¿Recuerdas cómo se llama el ministro que **precedió** al actual?

2. La época prehistórica que **precedió** a la neolítica es la paleolítica.

3. Indudablemente, a los jóvenes contemporáneos les costará adaptarse al modo de vida de las generaciones que les **han precedido**.

X. propiamente *adv.*

1. **Propiamente** hablando, la vida social de hormigas es producto de la herencia biológica en lugar de la evolución cultural.

2. **Propiamente** dicho, tentempié no es comida.

3. Lo que acabas de construir es un rudimentario refugio, no es **propiamente** una casa.

XI. razonar

A. *tr.*

1. Oye, chico, antes de dar una respuesta, tienes que **razonarla** un poco.

2. ¿Entiendes las explicaciones con que **habían razonado** la producción de las crisis?

3. ¿Son capaces de analizar, **razonar** y comunicar sus ideas de forma eficaz?

B. *intr.*

1. Algunos experimentos han demostrado que algunos animales también son capaces de **razonar**, claro, de forma bastante rudimentaria.

2. Como no **habías razonado** bien en el debate, fuiste derrotado por tu contrincante.

C. **razonamiento** *m.*

1. ¿Crees que el **razonamiento** es exclusivamente una facultad humana?

2. Tus **razonamientos** sobre los acontecimientos históricos no me convencen en absoluto, porque has dejado de lado muchos otros factores que pueden influir en ellos.

3. No entiendo cuál ha sido tu **razonamiento** para sacar semejante conclusión.

D. **razonable** *adj.*

1. Creo **razonable** atribuir nuestro fracaso a la mala organización del equipo.

2. ¿No te parece **razonable** la sugerencia de Estrella? Aceptémosla.

3. Me vendieron un coche de segunda mano a un precio **razonable**.

XII. transmitir

A. *tr.*

1. **Transmítele** a tu novio mi felicitación por el premio que ha recibido.

2. ¿Por qué los medios oficiales no **han transmitido** hasta el momento esa noticia tan importante?

3. Muchos animales e insectos **transmiten** enfermedades mortales.

B. **transmisión** *f.*

1. Gracias a la tecnología, hoy en día es muy veloz la **transmisión** de las informaciones.

2. ¿Sabes cuáles son las vías de **transmisión** del virus que provoca el sida?

GRAMÁTICA

Concordancia de tiempo: el uso hipotético del condicional simple

Ya hemos tratado el tema en la lección 12 del tomo IV. Sin embargo, no estará de más que volvamos a detenernos en él para refrescar la memoria, profundizar y habituarnos a su manejo. Primeramente, leamos el siguiente extracto del texto:

¿**Ocurriría** lo mismo si un conjunto de bebés humanos fueran aislados de toda supervisión, cuidado y adiestramiento por parte de los adultos? Asumiendo que pudieran sobrevivir, lo que ciertamente no **ocurriría**, no **podríamos** esperar que manifestaran ninguno de los rasgos especiales de conducta que caracterizaron a sus padres. **Estarían** desprovistos de lenguaje, herramientas complicadas, utensilios, fuego, artes, religión, gobierno, y todos los otros aspectos de la vida que distinguen al hombre entre los animales. **Podrían** comer y beber, y, cuando adultos, se **aparearían**, y presumiblemente **encontrarían** abrigo, ya que éstas **serían** respuestas directas a impulsos biológicos básicos. Su conducta **sería** instintiva y, en gran medida, fortuita. Pero lo que ellos comieran y como lo comieran no **estaría** de acuerdo con los gustos y paladares especializados de los hombres como los conocemos ahora. Ni **buscarían** pareja conforme a las reglas limitadoras y canalizadoras que dan a cada sociedad humana sus características sexuales presentes. Abandonados solamente a sus propios recursos instintivos, las crías de los hombres **aparecerían** como frutos subdesarrollados, aunque es probable que pronto **uniformarían** su conducta de acuerdo con lo que uno u otro hubiera descubierto. Pronto **tomaría** forma una cultura rudimentaria. Las respuestas específicas a los impulsos generalizados del instinto rápidamente **vendrían** a ser los patrones específicos de cultura.

De inmediato, se pueden sacar las siguientes conclusiones:

1. Todos los casos en que aparece el condicional simple forman parte de la llamada apódosis de una oración condicional con la que podríamos encabezar todo el párrafo:

   1) *¿Ocurriría* lo mismo *si* un conjunto de bebés humanos *fueran aislados* de toda supervisión, cuidado y adiestramiento por parte de los adultos*?*

   2) *Si* a un conjunto de bebés humanos se los *separara* de la sociedad y se los *creara* en total aislamiento...

Naturalmente, en la segunda frase, la oración lleva explícita la apódosis, que queda omitida.

2. El condicional simple en la oración principal concuerda necesariamente con el pretérito imperfecto de subjuntivo en la subordinada, cualquiera que sea su índole.

   3) No lo *haría* yo, aunque me *dieras* toda la riqueza del mundo.

   4) No *aceptarían* tu propuesta, *dijeras* lo que *dijeras*.

3. Si se quiebra esta concordancia, es decir, cuando aparece algún tiempo del modo indicativo en la oración subordinada, es porque el caso referido no forma parte de la hipótesis:

   5) Ni *buscarían* pareja conforme a las reglas limitadoras y canalizadoras que *dan* a cada sociedad humana sus características sexuales presentes.

   6) Pero lo que ellos comieran y como lo comieran no *estaría* de acuerdo con los gustos y paladares especializados de los hombres como los *conocemos* ahora.

Obviamente, aquí *dan* y *conocemos* se refiere a algo de existencia real.

TAREAS QUE SE EFECTÚAN EN CLASE

09—01

I. Escuche la grabación y conteste a las siguientes preguntas relacionadas con el contenido del texto.

II. Conjugue el infinitivo en el tiempo y la persona correspondientes.

1. ¿Sabes? Si yo _____ (estar) en tu lugar, _____ (negarme) a aceptar las injustas condiciones que me _____ (querer) imponer.

2. Con los recursos económicos que _____ (tener) ellos, _____ (fabricar, nosotros) productos muchísimos mejores en calidad.

3. ¿No te das cuenta? No _____ (conformarse, ellos) con nosotros, aunque _____ (actuar) como _____ (querer).

4. ¿Qué _____ (ser) del mundo sin los virus? _____ (Decir) que tampoco _____ (existir) los seres humanos.

5. ¿Qué nos _____ (pasar) si nos extraviásemos en una selva tropical? ¿_____ (Ingeniárnoslas) para sobrevivir por algún tiempo? ¿_____ (Salir) de ella sanos y salvos? ¿_____ (Consumirnos) de calenturas? ¿_____ (Morir) de picaduras de víbora?

6. ¿Qué _____ (hacer, tú) si _____ (encontrarse) solo en una isla desierta igual que Robinson? ¿_____ (Apañártelas) para sobrevivir? ¿_____ (Saber) procurarte el sustento? ¿Cómo _____ (tratar) de abrigarte? ¿Cómo _____ (llamar) la atención a un barco que _____ (aproximarse)?

7. Si un bebé humano _____ (ser) criado por una loba, no _____ (caminar) con las dos piernas, ni _____ (aprender) a hablar nuestro lenguaje, ni _____ (comer) lo que _____ (comer) y como _____ (comer), así como _____ (quedar) desnudo toda la vida.

8   Si _____ (estar, nosotros) en la luna, _____ (pesar) mucho menos que en la tierra. Nos _____ (resultar) muy fácil dar enormes saltos. No _____ (ver) ni pizca de vegetación ni a ningún ser viviente. Además, no _____ (tener) aire que respirar ni agua que beber.

III. Conteste a las siguientes preguntas.

1. ¿Qué pasaría si desapareciese el sol?

2. ¿Qué haría usted si lo/la abandonasen en un islote deshabitado?

3. ¿Cómo enseñaría español si fuera usted profesor/profesora?

4. ¿Cómo administraría una universidad si fuese usted rector/rectora?

5. ¿Qué haría usted si lo/la promoviera al cargo de alcalde/alcaldesa de una ciudad?

6. ¿En qué utilizaría el dinero si le tocasen millones de euros en la lotería?

7. ¿Cómo reaccionaría usted si se encontrase con un extraterrestre?

8. ¿Qué harías si pudieras inventar artefactos ingeniosos?

9. ¿A qué país hispanohablante irías a estudiar si te dieran una beca?

10. ¿Qué ocurriría a dos gemelos nacidos de los mismos padres si se los separase cuando son bebés todavía para criarlos, uno en China y otro en España?

IV. Indique a qué se refieren las partes en cursiva y cuál es el sujeto en caso de que son verbos conjugados.

1. La cultura es, por tanto, un resultado total de la invención social de *la cual* se han eliminados los instintos, reflejos innatos y cualquier otra forma de conducta biológicamente heredada y *debe* considerarse como una herencia social, ya que *se trasmite* por precepto a cada nueva generación y está salvaguardada continuamente por el castigo a aquellos miembros de una sociedad que rehúsan seguir los patrones de conducta que han sido establecidos para *ellos* en la cultura.

   la cual:

   debe:

   se transmite:

   ellos:

2. Un conjunto de huevos de hormiga, propiamente incubados sin la presencia de ninguna hormiga adulta, producirá un grupo de hormigas que al llegar a la madurez *repetirán* en todo detalle toda la conducta de las miríadas de generaciones de la especie que *las precedieron*.

   repetirán:

   las:

   precedieron:

3. Pero lo que ellos comieran y como lo comieran no *estaría* de acuerdo con los gustos y paladares especializados de los hombres como *los* conocemos ahora.

   estaría:

   los:

4. *Abandonadas* solamente a sus propios recursos instintivos, las crías de los hombres aparecerían como frutos subdesarrollados, aunque es probable que pronto *uniformarían* su conducta de acuerdo con lo que uno u otro *hubiera descubierto*.

Abandonadas:

uniformarían:

hubiera descubierto:

5. Además, ya *se ha establecido* perfectamente que los chimpancés pueden aprender de *otros* y entre *sí* los nuevos descubrimientos e invenciones de uno de los miembros del grupo.

se ha establecido:

otros:

sí:

V. Sustituya, teniendo en cuenta el contexto, el vocablo en cursiva por algún sinónimo que aparece en el texto.

1. Su _____ *conducta* no me pareció digna de un joven universitario. (¡Ojo! Hace falta otra modificación más.)

2. Al publicar mi artículo me _____ *quitaron* párrafos enteros so pretexto de espacio.

3. ¿Alguien sabe cómo _____ *se acaba con* el mal social llamado corrupción?

4. De improviso entró un tipo rugiendo como una fiera dejándonos a todos _____ *perplejos*.

5. Perdón, _____ *me he equivocado de* número de teléfono.

6. No te imaginas _____ *el caos* que provocó tu amiga con su inoportuna intervención.

7. No me _____ *achaques* a mí tu fracaso.

8. La lectura ha sido un _____ *elemento* fundamental en mi formación.

9. Es _____ *obvio* que has confundido el efecto por la causa.

10. Mi abuela dijo que _____ *había experimentado* muchas privaciones en aquella época.

11. El equipo de investigación está _____ *compuesto* por especialistas de diversos ámbitos.

12. Estas preguntas no pueden ser respondidas sin _____ *reflexionar* detenidamente.

13. El nuevo jefe es todavía más déspota e imbécil que el que lo _____ *ha antecedido*.

14. _____ *Exactamente* hablando, ese fenómeno no me parece una manifestación cultural.

15. Nos llamó mucho la atención que esa noticia _____ *se hubiese pasado* tan rápidamente.

VI. Traduzca al español las siguientes oraciones.

1. 人家告诉我们竞赛将是淘汰制的。
2. 我们从小就开始学习在社会上为人处世。
3. 你把我表妹当成我妹妹了。
4. 小女孩被弄糊涂了，瞪大眼睛望着我，不知该做什么。
5. 我倾向把这孩子的不良行为归罪于他所处的恶劣社会环境。
6. 诸位知道哪些因素会影响一个人的思想吗？
7. 不加思考盲目遵从上级指示的人有很多。
8. 药剂师打算先用动物试验新药品。
9. 你记得这位女老师的前任叫什么名字吗？
10. 在我看来，这姐妹俩的区别很明显。
11. 我加入了学校足球队。
12. 你刚提到的是一个地地道道的文化现象。
13. 光以什么速度在空间传播？
14. 目睹那家伙如此谄媚上司，我简直忍不住要吐了。

VII. Rellene el espacio en blanco con preposiciones o forma contracta de preposición y artículo adecuadas:

Doña Fresia no era partidaria _____ cambiar sus costumbres gastronómicas, no quería alejarse _____ la enseñanza de sus ancestros. Sabía que _____ la comida ofrendada _____ la naturaleza residen _____ virtudes y fortalezas _____ las que nuestros espíritus también son alimentados; por eso, seguía cazando, pescando, recolectando _____ frutos y _____ hongos, indiferente _____ los hilos metálicos que cernían la mapu _____ _____ amenazante «propiedad privada». Si somos lo que comemos, Pirenrayen estaba hecha _____ hierba buena y miel, _____ carnes salvajes y corajudas, cazadas _____ valentía. Su aliento olía _____ maqui y calafate. Su piel sabía _____ frutillas silvestres recolectadas _____ risas y juegos con Linkoyan. Pirenrayen era cuerpo y geometría patagónica; virgen exuberante, fértil y fresca. Así creció alimentada _____ la esencia generosa _____ _____ tierra _____ la que solo brotaba la vida.

(*El Tren del olvido*, Moira Millán, p.133, Planeta, Barcelona, 2019)

09–02

VIII. Escuche la grabación y luego haga un resumen oral.

IX. Temas del debate.

1. Cite algunos fenómenos culturales.

2. Diferencias culturales existentes entre China y los países hispanohablantes.

3. Comportamiento de un chino y un hispanohablante en las siguientes situaciones:

   · Al visitar a un amigo/ga

   · Al recibir un regalo

   · En la despedida

UNIDAD *10*
第十课

TEXTO A

Significado cultural de la Conquista

(Extracto adaptado de *Latinoamérica, su civilización y su cultura*,
Eugenio Chang-Rodríguez, Heinle & Heinle Publishers, Boston, 1991)

Debido a los peninsulares, América se puso en contacto con la civilización occidental e incorporó buena parte de su pensamiento, cultura y manera de ser. Lo que trajeron ha llegado a servir de base de la actual cultura y civilización hispanoamericana. El rayo de luz occidental, que se hace más luminoso a partir del siglo XVIII, al penetrar en el prisma americano se descompuso en sus colores básicos y se mezcló con los haces de luces indígenas para dar un espectro cultural nuevo, que con el tiempo deja de ser indio, peninsular y occidental para convertirse en indoamericano.

Gracias a los ibéricos, los horizontes de la civilización americana se ampliaron considerablemente ya que estos introdujeron el uso del hierro y de la rueda junto con los grandes inventos chinos (brújula, papel, imprenta, seda, pólvora), a la vez que trajeron nuevas especies de animales como caballo, ganado bovino, lanar y porcino, así como algunos otros animales domésticos. La flora también se enriqueció con nuevas plantas: el trigo, la cebada, la vid, el café, la caña de azúcar, la morera y numerosos árboles frutales, como el higo, las plantas cítricas, etc.

A estos aportes materiales debemos añadir las más importantes contribuciones culturales: los expresivos idiomas castellano y portugués, la escritura con letras, el catolicismo, las nuevas filosofías frente a la vida y a la muerte (griega, estoica, escolástica, renacentista), y las nuevas concepciones estéticas en las artes plásticas, visuales y auditivas. Estos aportes culturales incorporan el Nuevo Mundo a la vida universal.

No obstante, España implantó en la Colonia su cultura de carácter esotérico al imponer su educación aristocrática, especulativa en vez de democrática y experimental. Mientras en otras partes de Europa occidental se aceleraba el interés en los estudios científicos, en España el desarrollo de las ciencias marchaba más lentamente. Como consecuencia, ella exportó al Nuevo Mundo su interés en la retórica. Aunque los clásicos circularon con gran profusión, la censura, la Inquisición y la política oficial militaban en contra de la libre expresión del pensamiento.

El oficialismo imponía a la cultura colonial americana un molde escolástico y deliberadamente impedía la aparición de la ciencia experimental y naturalista. En la metrópoli y en las colonias imperaba la voluntad teológica anticientífica, promovida por la campaña contrarreformista. Lo poco de contenido científico existente se subordinaba al ideal teológico y a la supuesta inmutabilidad del orden divino. Asimismo, lo particular se sujetaba a la norma general autoritaria y tradicional que no aceptaba desafíos. Los apologistas de este escolasticismo congelado defendían apasionadamente la "doctrina revelada" y negaban que pudiera haber una experiencia contraria o diferente a la revelación. Los problemas fundamentales debían ser resueltos por la filosofía de entonces, y los resultados, las conclusiones, no debían jamás oponerse a la doctrina revelada. La fe imperaba sobre la razón; el alma, sobre el cuerpo. Para muchos doctos ciudadanos coloniales, América, más que un problema, era motivo de exaltación religiosa. Manejaban ellos un extenso repertorio de información de segunda mano y no se atrevían a evaluar, criticar, ni siquiera a observar metódicamente el hecho social y los fenómenos naturales.

TEXTO B

La colonización española de América

La colonización española de América fue el proceso por el que se implantó en el Nuevo Mundo una administración que pretendía ser imitación o duplicado de la administración peninsular contemporánea. Este periodo se extendió desde el 12 de octubre de 1492, día del descubrimiento de América, hasta el 13 de agosto de 1898, cuando la bandera española fue arriada en San Juan de Puerto Rico.

Una de las importantes consecuencias de esta colonización fue el mestizaje en América. A diferencia de otros colonizadores como los ingleses, que no admitían el mestizaje por considerar impuras otras razas que no fuesen la suya, tras siglos de convivencia de árabes, judíos y cristianos en la península Ibérica, los castellanos tenían menos prejuicios raciales y por ello se formaron matrimonios mixtos y, sobre todo, uniones sexuales extramatrimoniales con mujeres indígenas. Esto se debió también a que las mujeres castellanas siempre fueron escasas en América. El ejemplo clásico es el de la Malinche, amante de Hernán Cortés, con quien incluso tuvo un hijo, Martín Cortés, que no hay que confundir con su hijo legítimo del mismo nombre. Se puede observar en la pintura de castas la variedad de combinaciones de mestizaje que convivieron en América durante la colonia. El léxico de castas testimonia también la rigidez de este sistema. Hoy en día, gracias al mestizaje, la población de los países hispanoamericanos comparte antepasados indígenas, europeos y africanos, en diversos grados.

TAREAS QUE DEBE EFECTUAR EL ALUMNADO ANTES DE LA CLASE

I. Consulte el diccionario español—español (o uno bilingüe en caso estrictamente necesario) para informarse de la acepción en que se usan en el texto los siguientes vocablos o grupos léxicos polisémicos y decir luego lo que significan en chino.

incorporar	prisma
descomponerse	espectro
brújula	aporte
implantar	estoico, ca
escolástico, ca	esotérico, ca
especulativo, va	circular
profusión	censura
oficialismo	molde
deliberado, da	metrópoli
imperar	subordinar
inmutabilidad	desafío
apologista	docto
exaltación	repertorio
metódico, ca	arriar
extramatrimonial	casta
testimoniar	

II. Traduzca al chino los siguientes términos.

plantas cítricas	estoico
escolástico (escolasticismo)	renacentista
arte plástica	arte visual
arte auditiva	retórica
Inquisición	ciencia experimental
metrópoli	campaña contrarreformista
revelación	fe
razón	alma
cuerpo	

III. Conteste a las siguientes preguntas.

1. En el texto se emplean muy variados sinónimos de los adjetivos *español* e *hispanoamericano*. Diga, por favor, ¿cuáles son respectivamente?

2. ¿A qué animales se refieren los siguientes nombres: ganado bovino, lanar y porcino?

EJEMPLOS CON ALGUNOS VOCABLOS Y EXPRESIONES USUALES

I. ampliar

A. *tr.*

1. Tras arduas negociaciones, mi empresa acabó por conseguir la licencia de **ampliar** las operaciones en el país vecino.

2. Mi abuela no sabía cómo **ampliar** las imágenes que le mandaban al móvil. Yo se lo enseñé.

3. La lectura ha contribuido a **ampliar** mi visión.

B. **ampliación** *f.*

1. Señor rector, usted ha tomado una decisión muy acertada. Me refiero a la **ampliación** de la biblioteca.

2. El hecho ha demostrado que la **ampliación** de intercambios comerciales y culturales beneficia a los dos países que han firmado aquel convenio.

3. La prosperidad de aquella región se debió, entre otras cosas, tanto a la **ampliación** de la tierra cultivada como a la elevación del rendimiento.

II. circular

A. *intr.*

1. La sangre **circula** por las venas y arterias.

2. ¡Qué bien! Por esta calle **circulan** pocos coches. Podemos pasear tranquilamente.

3. ¡**Circulen**, señores, no obstruyan la entrada!

4. Esta moneda ya no **circula** en el mercado.

B. **circulación** *f.*

1. ¡Cuidado con este medicamento! Te puede afectar la **circulación** de sangre.

2. Los guardias de tráfico trataban de acelerar la **circulación** de vehículos.

3. ¿Será posible que se ponga en **circulación** el billete de diez mil euros?

4. ¿No lo sabías? Esa revista lleva ya tiempo retirada de **circulación**.

C. **circulatorio, ria** *adj.*

1. Según el médico, tengo algún problema en el sistema **circulatorio**.

2. ¿Cuáles son los órganos que integran el aparato **circulatorio**?

III.　con el tiempo *loc. adv.*

1. La llegada de europeos cambió radicalmente la fisonomía del Nuevo Continente, donde, **con el tiempo**, surgieron nuevas razas y nuevas culturas.

2. En un principio los cultivos introducidos de otras zonas no crecían muy bien, pero **con el tiempo** se fueron adaptando a las nuevas condiciones.

3. Estoy seguro de que, **con el tiempo**, los nativos del país asimilarán esos conceptos novedosos procedentes de otras partes del mundo.

IV.　considerable

A. *adj.*

1. Admito que tu progreso en el estudio es **considerable**, pero no por eso tienes que dormirte en los laureles.

2. ¿No creen ustedes que es **considerable** la influencia de la cultura occidental en China?

3. En poco tiempo una parte de la población ha logrado acumular una **considerable** cantidad de riqueza.

B. **considerablemente** *adv.*

1. A causa de la guerra y desastres naturales durante muchos años, la población de ese país se redujo **considerablemente**.

2. ¿No veis que la presencia de inmigrantes procedentes de diversas partes del mundo ha contribuido a que vuestra cultura se haya enriquecido **considerablemente**?

3. Gracias a la introducción de la nueva tecnología, el rendimiento de la empresa se ha elevado **considerablemente**.

V.　deliberado, da

A. *adj.*

1. Te advierto que lo que acabas de decir es una provocación **deliberada**.

2. Preferí creer que el desliz que cometiste no fue **deliberado**. ¿No conocerías el sentido obsceno de la palabra que empleaste?

3. Sospecho que tu demora ha sido **deliberada** porque no querías coincidir con Horacio en mi casa.

B. **deliberadamente** *adv.*

1. Me encargaron un trabajo **deliberadamente** complicado pensando que me echaría atrás amedrentado. Sin embargo, supe afrontar la dificultad y lo cumplí brillantemente.

2. Era indignante que se retrasara **deliberadamente** en el anuncio de aquellla noticia. De lo contrario, se habrían evitado tantas pérdidas.

VI. descomponer(se)

A. *tr.*

1. En un santiamén el niño **descompuso** en piezas el juguete, pero no supo volver a montarlo.

2. ¿Sabes cómo **descomponer** el agua en oxígeno e hidrógeno?

3. Me sientan fatal los platos fríos. Me **descomponen** enseguida el estómago.

B. *prnl.*

1. La carne **está descomponiéndose**. Huele bastante mal.

2. La falta de ética es propia de una sociedad que **se va descomponiendo.**

3. Nacho no recordaba qué había comido la noche anterior. El caso es que **se** le **descompusieron** las tripas.

C. **descomposición** *f.*

1. Se puede ver la **descomposición** de la luz en siete colores básicos utilizando un prisma.

2. ¿En qué consistieron las causas de la **descomposición** del Imperio Romano?

VII. implantar *tr.*

1. El nuevo presidente trató de **implantar** un régimen democrático.

2. Los iberos que llegaron al Nuevo Continente **implantaron** en él su cultura, la cual poco a poco se fue mezclando con la nativa y la africana y así surgió una cultura totalmente nueva.

3. El cirujano esperaba un donante para **implantar** un nuevo hígado a Catalina.

VIII. incorporar(se)

A. *tr.*

1. El albañil **incorporó** algo más de arena a la argamasa y se puso a levantar la primera pared de la casa.

2. Tras haber sufrido considerables bajas, el general pensaba **incorporar** nuevos reclutas a su tropa.

3. Al director del departamento le pareció muy acertada nuestra propuesta y se mostró dispuesto a **incorporarla** en el proyecto de investigación.

B. *prnl.*

1. **Se han incorporado** dos nuevos jugadores al equipo de fútbol de la facultad.

2. A medida que avanzaba la fila de los manifestantes **se iban incorporando** a ella cada vez mayor cantidad de personas.

3. Al ver entrar a la profesora, el estudiante enfermo trató de **incorporarse**, pero ella se lo impidió con un leve movimiento de mano.

C. **incorporación** *f.*

1. La injusticia social contribuyó a la masiva **incorporación** de trabajadores al movimiento de protesta.

2. La empresa viene funcionando cada día peor con la **incorporación** de algunos allegados del gerente, totalmente incompetentes.

3. ¿Crees que se mejorará la eficiencia administrativa con la **incorporación** de esos nuevos burócratas?

IX.   horizonte *m.*

1. ¿Saben ustedes qué demuestra el hecho de que un objeto que se aleja acabará perdiéndose de vista en el **horizonte**?

2. Recuerda lo que te tengo dicho: la lectura te ampliará los **horizontes**.

3. Al pueblo se le presentó un **horizonte** prometedor cuando se anunciaron aquellas reformas tan esperadas.

4. Este caracter chino se compone de tres rayas **horizontales** y una vertical.

X.   poner(se) en contacto

1. Procura **ponerte en contacto** con Zurma una vez llegado a Bogotá.

2. El estudio del español nos **ha puesto en contacto** con la cultura hispánica.

3. ¿Desde cuándo la civilización china **se puso en contacto** con la occidental?

GRAMÁTICA

Uso del pretérito perfecto

Este tiempo se usa para expresar:

1. Sucesos ocurridos en un pasado inmediato:

   Ha vuelto. (= acaba de volver) (Uso peninsular)

2. Sucesos ocurridos en un lapso de tiempo que no ha terminado todavía:

   *Este mes **he leído** cinco novelas.*

3. Sucesos ocurridos en un pasado lejano con consecuencias en el presente:

   Juan ***ha cambiado*** totalmente después de aquella desgracia.

   Lo que trajeron (los peninsulares) ***ha llegado*** a servir de base de la actual cultura y civilización hispanoamericana.

Refiriéndose al tercer empleo del pretérito perfecto de indicativo, Gili Gaya dice: "Entre *Fulano estuvo en París* y *Fulano ha estado en París* existe la diferencia de que en la primera oración enunciamos la estancia en París como un dato desprovisto de interés actual, mientras que en la segunda establecemos conexión con algo presente*"*, "por eso se ha dicho con razón que ***canté*** es la forma objetiva del pasado, en tanto que ***he cantado*** es su forma subjetiva".

RETÓRICA

La metáfora

La metáfora opera con relaciones de semejanza: descubierto por la imaginación un parecido entre dos entes o fenómenos, el término exigible en sentido directo es reemplazado por el otro. Abunda en el vocabulario y fraseología usuales: *vástago* o *retoño*: "hijo"; *ser una alhaja*: "ser de mucho valor y estima"; *vivir en una balsa de aceite*: "vivir en plena tranquilidad"; *estar a la sombra de alguien*: "estar bajo la protección"; *al morir* el día: "al acabar el día". En el lenguaje poético el papel de la metáfora es de extraordinaria importancia.

Así como las matemáticas y la filosofía especulan con nociones abstractas o conceptos, lo propio del arte y, por tanto, de la literatura, es poner en juego imágenes creadas por la fantasía. Llámase imagen a toda representación sensible. Imagen poética es la expresión verbal dotada de poder representativo, esto es, la que presta forma sensible a ideas abstractas o relaciona, combinándolos, elementos formales de diversos seres, objetos o fenómenos perceptibles. Véase, por ejemplo, la sucesión de metáforas que sugiere a Juan Ramón Jiménez la gozosa rojez de la amapola:

> ¡Amapola, **sangre de la tierra**;
>
> amapola, **herida del sol**;
>
> **boca de la primavera azul**,
>
> amapola de mi corazón!
>
> ¡Cómo **ríes** por la viña verde,
>
> por el trigo, por la jara, por
>
> la pradera del arroyo vivo,
>
> amapola de mi corazón!
>
> ¡**Novia alegre del corazón grana**;
>
> **mariposa de carmín en flor**;
>
> amapola, **grito de la vida**,
>
> amapola de mi corazón!
>
> (Adaptado de *Introducción a los Estudios Literarios,* Rafael Lapesa,
>
> Cátedra, S. A. Madrid, 1979)

Sangre de la tierra, herida del sol, boca de la primavera azul, el corazón grana, mariposa de carmín en flor, etc. son expresiones metafóricas que aluden a la rojez de la amapola.

TAREAS QUE SE EFECTÚAN EN CLASE

10–01

I. **Escuche la grabación y conteste a las siguientes preguntas relacionadas con el contenido del texto.**

II. **Ponga el infinitivo entre paréntesis en el tiempo y la persona correspondientes, primero según la norma peninsular y luego, según la latinoamericana.**

1. Si Manolo _____ (comprometerse) a ayudarnos, lo hará sin falta.

2. Susana _____ (salir) de compras. Pero no creo que tarde mucho en volver.

3. ¿Sabes, Elena? El jefe no quería que me presentase en esta entrevista temiendo que yo le hiciera preguntas que le pusiesen en un aprieto. Pero _____ (ingeniármelas) para venir. Aquí me tienes.

4. ¿Vas a someter a la consideración del director el proyecto que _____ (elaborar)?

5. De acuerdo con las noticias que nos _____ (proporcionar, impersonal), se ha vuelto más tensa la situación del Oriente Próximo.

6. Es evidente que ellos ya _____ (decidirse) a emprender la arriesgada exploración.

7. La he visto salir sofocada. ¿Qué _____ (ocurrir) aquí?

8. ¿Cuál es la herencia más importante que _____ (dejar) los ibéricos en la cultura latinoamericana?

9. Espera, te voy a mostrar los bonitos sellos que _____ (coleccionar) estos últimos años.

10. La reciente inundación _____ (afectar) a grandes extensiones del sur. Millones de personas se han quedado sin hogar.

III. Traduzca al español las siguientes oraciones.

1. 有多少年轻教师加入了刚刚组建的科研小组？

2. 我向你保证，新措施已经增强了企业的竞争力。

3. 好吧，你把新近提供给咱们的信息拿来看看。

4. 就我而言，我已经尽力帮你了。现在你好自为之吧。

5. 今天我什么也不能吃。我肚子坏了。

6. 新任命的主任建立了一套严格的规章制度来管理职工。

7. 听说那个人是靠非法手段获取钱财的。

8. 根据老师的建议，我们扩充了自己的研究范围。

9. 对不起，我没听你说话。我刚才有点走神儿。

10. 在朋友们的帮助下，他终于摆脱了那种恶性循环。

IV. Repase el módulo de gramática de la lección 8 del libro IV y busque en el texto A las metáforas y explique qué similitud existe entre la metáfora y el concepto metaforizado.

1. *El rayo de luz occidental*, que *se hace más luminoso* a partir del siglo XVIII, al penetrar en el *prisma* americano *se descompuso en sus colores básicos y se mezcló con los haces de luces indígenas* para dar un espectro cultural nuevo, que con el tiempo deja de ser indio, peninsular y occidental para convertirse en indoamericano.

2. Gracias a los ibéricos, *los horizontes de la civilización americana* se ampliaron considerablemente.

3. Aunque los clásicos *circularon* con gran profusión, la censura, la Inquisición y la política oficial militaban en contra de la libre expresión del pensamiento.

4. El oficialismo imponía a la cultura colonial americana un *molde* escolástico y deliberadamente impedía la aparición de la ciencia experimental y naturalista.

5. Los apologistas de este escolasticismo *congelado* defendían apasionadamente la "doctrina revelada" y negaban que pudiera haber una experiencia contraria o diferente a la revelación.

6. Manejaban ellos un extenso repertorio de información *de segunda mano* y no se atrevían a evaluar, criticar, ni siquiera a observar metódicamente el hecho social y los fenómenos naturales.

V. Complete las oraciones con la debida forma de los vocablos que encabezan cada grupo.

circular   circulación   circulatorio

1. Con todas las ventanas cerradas, ¿cómo esperas que _____ el aire?

2. El corazón controla la _____ de la sangre.

3. A ver, deja que me acuerde: Los sistemas vitales del cuerpo humano son: el respiratorio, el digestivo, el _____, el nervioso, el reproductivo... ¿Y qué más?

4. Aquellos rumores _____ rápidamente por toda la ciudad.

5. La banca juega un importante papel en la _____ monetaria.

concentrar(se)   concentración

1. Ya que nos escasean materiales, tenemos que _____ (los) para construir por lo menos una casa.

2. Era realmente impresionante la _____ de aves migratorias en esta región en invierno.

3. Los habitantes de la ciudad _____ en una multitudinaria manifestación contra las medidas que el gobierno pretendía aplicar en perjuicio de la población desfavorecida.

4. Pero, chico, _____ en el trabajo. No te distraigas.

considerable   considerablemente

1. Gracias, profesor Gómez. Después de haberme puesto en contacto con usted, mis posibilidades académicas se han ampliado _____.

2. He notado que es bastante _____ la influencia de la cultura china en tu país.

3. Últimamente la subida de los precios es _____. Con lo poco que gana mucha gente les resulta difícil mantener una vida más o menos pasable.

4. Como todos los miembros del equipo sabían trabajar en colaboración, la investigación avanzó _____ .

deliberado   deliberadamente

1. Solté una palabrota _____ para ver cómo reaccionaría mi interlocutor.

2. Todos sabíamos que, siempre que teníamos una reunión, eran _____ los constantes retrasos de Roberto Pinto, porque quería mostrarnos que él era un dirigente de mucha importancia.

3. Es indignante que las autoridades hayan ocultado _____ la magnitud de aquella catástrofe.

4. Frente a aquella catastrófica situación, era totalmente _____ mi indiferencia. En realidad, se me libraba una tormenta en mis adentros.

descomponer (se)   descompuesto   descomposición

1. Los microbios producen la _____ de las substancias orgánicas.

2. La luz solar, al atravesar un espectroscopio, _____ en siete colores.

3. En su última novela, la escritora ha puesto en descubierto la espantosa _____ moral de la llamada "alta sociedad".

4. Yo no sabía qué hacer con aquel aparatito totalmente _____.

5. El helado que comió anoche Aurelio le _____ el estómago.

horizonte   horizontal

1. Solo en el mar o en una inmensa llanura se puede ver con nitidez el _____ .

2. Admiro a las personas que no cesan de ampliar sus _____ de conocimiento.

3. Con un palito, la niña trazó en el suelo primero una línea _____ y luego otra vertical que la atravesaba en medio. Alzó la vista y me preguntó: ¿Qué carácter chino es este?

4. Oye, idiota, ¿no ves que solo puedes entrar por la puerta con la pértiga en posición _____ ?

implantar   implantación   implantado

1. ¿Qué carácter tiene la cultura que España _____ en la Colonia?

2. El sistema socio económico creado por los anglosajones es muy diferente al _____ por los españoles y los portugueses.

3. La _____ de ese régimen en el país retrasó gravemente su desarrollo.

4. Te advierto, Mauricio: si pretendes _____ un reglamento dictatorial en el departamento, nadie te respaldará.

5. Arturo necesitaba una _____ de pelo. Se quedó totalmente calvo a apenas los treinta años.

incorporar(se)   incorporación

1. ¡Quieto, joven! No _____. Sólo vengo a tomarte la temperatura.

2. El químico _____ una sustancia rojiza en el líquido, que de inmediato se volvió pastoso.

3. Estoy seguro de que la _____ de gente joven dinamizará nuestra empresa.

4. ¿Cuándo _____ al equipo de fútbol?

5. Francamente, la _____ de tu amigo a la facultad ha afectado gravemente a su prestigio.

VI. Rellene el espacio en blanco con preposiciones o forma contracta de preposición y artículo adecuadas.

(*Continuación del texto utilizado en el ejercicio VII de la lección 5*)

Unos pasos más adelante, sentí _____ la espalda un poderoso golpe que me derribó, caí _____ un macizo de ligustros. Preso _____ la lógica confusión, me di la vuelta y pude ver _____ Takako boqueando, pálida y _____ su bolso. Veinte metros más allá, Ahmid y otro joven _____ pelo negro y rizado huían como si fueran miembros _____ Opus Dei perseguidos _____ el sexo. _____ forma instintiva, me incorporé y salí corriendo _____ ellos. Cuando llevaba andado veinte metros, me sacaban ya cuarenta _____ ventaja, y comencé _____ maldecir el tabaco. Un pinchazo _____ el costado me devolvió _____ la realidad: era absurdo que, _____ mis décadas, intentara atrapar _____ piernas _____ dos chavales menores _____ veinte años. Llevado _____ la impotencia grité un "¡_____ ladrón!" ridículo y aflautado que provocó la risa _____ una adolescente que leía un periódico, sentada _____ un banco.

—¡_____ ladrón!— volví _____ decir, engolando la voz _____ ganar el respeto de la chica, y ella tuvo la galantería _____ hacerme _____ gesto de aprobación con el pulgar _____ su mano derecha enhiesto.

Me volví _____ Takako _____ además de frustración y la descubrí hablando _____ japonés _____ dos policías nacionales _____ los que orientaba _____ _____ dedo en la dirección _____ que yo estaba. _____ vieja e inexplicable prevención me hizo levantar las manos proclamando mi inocencia, pero los guardias no tenían _____ prejuicio simétrico, y uno de ellos salió, ignorándome, _____ persecución de _____ chavales mientras _____ otro se quedó _____ Takako.

(*Gálvez en la frontera*, Jorge M. Reverte, pp.10-11, Alfaguara, Madrid, 2001)

VII. Lea el texto y rellene los espacios con blanco con las palabras o grupos de palabras que se dan a continuación.

> *aunque*   *como ha sucedido*   *deben aclararse*   *en nombre de*
> *hasta ofensivo*   *justificar*   *la liberó*   *no es fácil*   *originada por*
> *ofrecemos perdón*   *resta importancia*   *según*

Hoy 13 de agosto, recordamos la caída de la Gran Tenochtitlan y _____ a las víctimas de la catástrofe _____ la ocupación militar española de Mesoamérica y del resto del territorio de la actual República mexicana.

_____ el análisis objetivo sobre la ocupación militar y colonización española en nuestro país. Son pocas las fuentes primarias y _____ existen relatos de los pueblos originarios, posteriores a los iniciales acontecimientos, predominan las crónicas y escritos de soldados, historiadores y evangelizadores que tienden a justificar la invasión _____ la libertad, la fe, la superioridad racial o de la civilización, _____ siempre en hechos históricos de esta naturaleza en cualquier lugar del mundo.

Es por eso que considero _____ , en estos tiempos, volver a la vieja polémica de que los originarios de Mesoamérica y, en particular, los mexicas eran bárbaros porque, entre otras cosas, comían carne humana; pensaban que el caballo era una bestia sobrenatural monstruosa, que los españoles fueron salvados en batallas por un hombre de a caballo que figuraba ser el Apóstol Santiago o que Cortés y sus soldados eran enviados de la divinidad, _____ la supuesta profecía indígena del regreso de Quetzalcóatl.

Pero sí hay asuntos que _____ . Por ejemplo, hace unos días, un escritor pro monárquico de nuestro continente, que no son pocos, afirmaba que España no conquistó América, sino que _____, pues "Hernán Cortés –cito textualmente– aglutinó a 110 naciones mexicanas que vivían oprimidas por la tiranía antropófaga de los aztecas y que lucharon con él".

Es sabido que varios pueblos originarios como los totonacas, los tlaxcaltecas, los otomíes, los de Texcoco y otros ayudaron a Cortés a tomar Tenochtitlan, pero este hecho no debe _____ _____ las matanzas llevadas a cabo por los conquistadores ni le _____ a la grandeza cultural de los vencidos.

(Fragmento y adaptación del Discurso del presidente mexicano Andrés Manuel López Obrador en los 500 años de Resistencia Indígena, 13 de agosto de 2021)

10–02

VIII. Escuche la grabación y luego haga un resumen oral.

IX. Tema de debate.

Significado positivo y negativo de la conquista de Iberoamérica por los peninsulares.

UNIDAD 11

第十一课

1 FUNCIÓN COMUNICATIVA

2 EJEMPLOS CON ALGUNOS VOCABLOS Y EXPRESIONES USUALES

agenda; configurar; coincidencia; ejercer; explícito, ta; factor; generar; implícito, ta; intervenir; predominante; promover; significativo, va

3 GRAMÁTICA

● Significado de algunos prefijos

TEXTO A

Choque de civilizaciones

(Extracto adaptado del libro del mismo título, Samuel P. Huntington,
traducido por José Pedro Tosaus Abadía, Paidós, Barcelona, 1997)

El mundo de la posguerra fría es un mundo con siete u ocho grandes civilizaciones. Las coincidencias y diferencias culturales configuran los intereses, antagonismos y asociaciones de los Estados. Los países más importantes del mundo proceden en su gran mayoría de civilizaciones diferentes. Los conflictos locales con mayores probabilidades de convertirse en guerras más amplias son los existentes entre grupos y Estados procedentes de civilizaciones diferentes. Los modelos predominantes de desarrollo político y económico difieren de una civilización a otra. Las cuestiones clave de la agenda internacional conllevan diferencias entre civilizaciones. El poder se está desplazando, de Occidente, predominante durante largo tiempo, a las civilizaciones no occidentales. La política global se ha vuelto multipolar y multicivilizacional.

(...)

Una guerra a escala planetaria en la que participen los Estados centrales de las principales civilizaciones del mundo es muy improbable, pero no imposible. Una fuente más peligrosa de guerra a escala planetaria entre civilizaciones es el cambiante equilibrio de poder entre las civilizaciones y sus Estados centrales. A lo largo de la historia, tales cambios de poder entre Estados importantes han producido guerras significativas. Si continúan el ascenso de China y la creciente seguridad en sí misma de esta, ejercerán una tremenda presión sobre la estabilidad internacional a principios del siglo XXI. La aparición de China como la potencia dominante en el este y sudeste asiático sería contraria a los intereses estadounidenses tal y como estos han sido interpretados históricamente. Dichos intereses eran reafirmados explícitamente en el borrador de la Guía de Planificación del Ministerio de Defensa filtrada a la prensa en febrero de 1992. Los Estados Unidos, afirma este documento, "deben impedir que cualquier potencia hostil domine una región cuyos recursos, bajo un control consolidado, sean suficientes para generar una potencia mundial. Entre tales regiones se incluyen Europa Occidental, el este asiático, los territorios de la antigua Unión Soviética y el sudoeste asiático... Nuestra estrategia actualmente se debe volver a concentrar en impedir la aparición de futuros competidores potenciales a escala mundial".

(...)

TEXTO B

Las ideas plasmadas en el libro de Samuel Huntington generaron muchas respuestas del mundo político y académico.

Jacques Delors escribió: «Samuel Huntington predice que los conflictos del futuro estarán determinados más por los factores culturales que por los económicos o ideológicos. Se trata de una conclusión que comparto plenamente. Occidente necesita desarrollar una comprensión más profunda de las concepciones religiosas y filosóficas de otras civilizaciones, de los puntos de vista y los intereses de otras naciones, de lo que tiene en común con nosotros. Pero no nos precipitemos. El fundamentalismo religioso y cultural solo puede ganar terreno utilizando en beneficio propio los problemas contemporáneos: el subdesarrollo, el desempleo, las desigualdades más flagrantes y la pobreza».

Otros académicos critican que la argumentación de Huntington en torno al choque de civilizaciones es catalogada como general e implícita cuando defiende que la civilización occidental es superior, aunque acepta que cada una tiene valores básicos que pueden ser compartidos por todas las civilizaciones. «La superioridad que insinúa Huntington es discutible. Si bien muchos valores provenientes de Occidente explican el gran avance de la humanidad, la creencia en la investigación científica, la búsqueda de soluciones racionales y la disposición a desafiar ideas recibidas como obvias, algunas de las ideas que vienen en este paquete son dañinas».

Carlos Alonso Zaldívar opina, a su vez, que Asia, sabiendo diferenciar entre los buenos y malos valores de Occidente, está aprendiendo a quedarse con los primeros y a prescindir de los segundos sustituyéndolos por otros suyos; está logrando desarrollarse como Occidente y evitar su decadencia social.

TAREAS QUE DEBE EFECTUAR EL ALUMNADO ANTES DE LA CLASE

I. Consulte el diccionario español—español (o uno bilingüe en caso estrictamente necesario) para informarse de la acepción en que se usan en el texto los siguientes vocablos o grupos léxicos polisémicos y decir luego lo que significan en chino.

coincidencia	configurar	antagonismo
asociación	proceder	probabilidad
agenda	conllevar	desplazar

significativo, va	ejercer	filtrar
implícito, ta	punto muerto	optar
promover	factor	fundamentalismo
flagrante	catalogar	racional
prescindir		

II. Sustituya, teniendo en cuenta el contexto, la voz en cursiva por alguna otra sin cambiar mayormente el sentido de la oración.

1. Las coincidencias y diferencias culturales _____ *configuran* los intereses, antagonismos y asociaciones de los Estados.

2. Los países más importantes del mundo _____ *proceden* en su gran mayoría de civilizaciones diferentes.

3. Los conflictos locales con mayores _____ *probabilidades* de convertirse en guerras más amplias son los existentes entre grupos y Estados _____ *procedentes* de civilizaciones diferentes.

4. Los _____ *modelos* predominantes de desarrollo político y económico _____ *difieren* de una civilización a otra.

5. Las cuestiones clave de _____ *la agenda* internacional _____ *conllevan* diferencias entre civilizaciones.

6. Una guerra a escala _____ *planetaria* en la que participen los Estados centrales de las principales civilizaciones del mundo es muy _____ *improbable*, pero no imposible.

7. La aparición de China como la potencia dominante en el este y sudeste asiático sería contraria a los intereses estadounidenses tal y como estos han sido _____ *interpretados* _____ *históricamente*.

8. Dichos intereses eran reafirmados _____ *explícitamente* en el borrador de la Guía de Planificación del Ministerio de Defensa filtrada a la prensa en febrero de 1992.

9. Los Estados Unidos, afirma este documento, "deben impedir que cualquier potencia _____ *hostil* domine una región cuyos recursos, bajo un control consolidado, sean suficientes para generar una potencia mundial".

III. Traduzca al chino las siguientes oraciones.

1. Las coincidencias y diferencias culturales configuran los intereses, antagonismos y asociaciones de los Estados.

2. Los conflictos locales con mayores probabilidades de convertirse en guerras más amplias son los existentes entre grupos y Estados procedentes de civilizaciones diferentes.

3. Los modelos predominantes de desarrollo político y económico difieren de una civilización a otra.

4. Las cuestiones clave de la agenda internacional conllevan diferencias entre civilizaciones.

5. El poder se está desplazando, de Occidente, predominante durante largo tiempo, a las civilizaciones no occidentales. La política global se ha vuelto multipolar y multicivilizacional.

6. Una guerra a escala planetaria en la que participen los Estados centrales de las principales civilizaciones del mundo es muy improbable, pero no imposible.

7. La aparición de China como la potencia dominante en el este y sudeste asiático sería contraria a los intereses estadounidenses tal y como estos han sido interpretados históricamente.

EJEMPLOS CON ALGUNOS VOCABLOS Y EXPRESIONES USUALES

I.   agenda *f.*

1. Hay cada día menos gente que utiliza una **agenda** en forma de libro o cuaderno. Lo normal es archivarlo todo en el móvil: teléfonos, direcciones, citas, entre muchas otras anotaciones.

2. Antes de confirmarles si puedo hacer la entrevista, déjenme consultar mi **agenda** para ver si estaré libre.

3. ¡Qué agobio! Esta semana tenemos una **agenda** de locos.

II.   configurar

A. *tr.*

1. Durante miles y miles de años, la naturaleza **ha configurado** la forma fantasmagórica que tienen las rocas de esta zona.

2. Múltiples factores contribuyeron a **configurar** la peculiar identidad nacional de ese pueblo.

3. La complicada topografía de esa costa **se ha configurado** como consecuencia de la erosión marina.

B. **configuración** *f.*

1. La **configuración** de la personalidad individual se produce en la adolescencia.

2. La abrupta **configuración** del terreno dificulta las comunicaciones.

3. La **configuración** de la Asociación Nacional de Traductores constituye un paso adelante en favor de la defensa de derechos de esos trabajadores.

III.   coincidencia *f.*

1. Fue pura **coincidencia** que me encontrase en el centro comercial con mi amigo Fernando. No había tenido noticias de él durante veinte años.

2. Las dos amigas acordaron en aprovechar la **coincidencia** de sus días de descanso para verse más a menudo.

3. Es asombrosa la **coincidencia** de carácter de esas dos personas, que no son ni amigos ni hermanos.

IV.   ejercer

A. *tr.*

1. Mauricio ha estudiado Administración y Gestión Empresarial, pero **ejerce** como abogado.

2. El ambiente familiar y social **ejerce** mucha influencia en la configuración de la personalidad de niños y adolescentes.

3. Escucha: por mucha presión que **ejerzas** sobre ellos, no cambiarán de opinión.

B. **ejercicio** *m.*

1. Para el **ejercicio** de su profesión se necesita como mínimo estar en posesión de un título universitario.

2. Tú tienes que hacer **ejercicio** a manudo para fortalecerte físicamente.

3. Profesora, los **ejercicios** de esta lección son muy difíciles.

V.   explícito, ta *adj.*

1. Mis instrucciones habían sido bastante **explícitas**, ¿por qué lo has hecho de otra manera?

2. Joaquín fue muy **explícito** a la hora de decirme que tenía que cambiar de actitud.

3. No me gusta que la gente me hable de forma tan **explícita** de sus problemas personales.

VI.   factor *m.*

1. Creo que la constancia ha sido un **factor** decisivo para el éxito de Mónica.

2. La intervención exterior fue uno de los **factores** que complicaron la situación política de ese país.

3. En los círculos científicos se ha llegado al consenso de que las actividades humanas son uno de los **factores** más importantes del cambio climático.

4. Señor gerente, si quiere que la empresa salga adelante, no se puede olvidar de dos **factores** determinantes: la introducción de las nuevas tecnologías y la mejora de la administración.

VII.   generar *tr.*

1. La injusta distribución de la riqueza **ha generado** un grave antagonismo entre las diferentes clases sociales.

2. La corrupción y la arbitrariedad de los gobernantes acabarán por **generar** virulentos conflictos sociales.

3. Señor rector, le advierto de que el programa en que usted insiste en llevar a la práctica **generará** inevitablemente nuevos problemas de consecuencias nefastas.

VIII.   implícito, ta *adj.*

1. La reforma económica y política estructural está **implícita** en el decreto recién publicado.

2. Creo que el gerente ha rechazado nuestra propuesta: aunque no lo ha dicho abiertamente, me parece que iba **implícito** en sus palabras.

3. Ema, casarse lleva **implícita** una serie de responsabilidades. Piénsatelo bien.

IX.   intervenir *intr.*

1. Múltiples factores **intervinieron** en la descomposición y ruina de ese antiguo imperio.

2. El problema se complicará enormemente si **intervienen** en él los intereses personales de cada uno.

3. Algunas potencias no muestran ningún reparo en **intervenir** en los asuntos internos de otros países para que la situación les favorezca.

X.   predominante

A. *adj.*

1. En un mundo cada día más globalizado, la tendencia **predominante** respecto al comercio internacional es el multilateralismo.

2. Puede que en un país exista una ideología **predominante**, lo que no debe excluir la presencia de otras diferentes. Eso es lo que se llama pluralismo.

3. En verano, el verde es el color **predominante** del campo.

B. **predominar** *intr.*

1. ¿Crees que en la China contemporánea **predomina** todavía la filosofía confucianista?

2. Entre los siglos XIX y XX, el capitalismo llegó a **predominar** como sistema socio-económico y socio-político.

3. No sé si en la sociedad **predomina** el amor o el dinero.

XI. promover

A. *tr.*

1. Todavía hay gobiernos que se muestran recelosos en **promover** investigaciones relacionadas con la biotecnología con ingeniería genética.

2. Soy partidario de que **se promueva** la construcción de un centro polideportivo en el campus universitario.

3. Es evidente que Ortega está muy ilusionado con que lo **promuevan** al cargo de director de la oficina.

B. **promoción** *f.*

1. Aunque no pertenezco a la **promoción** del 19, me invitan siempre que se reúnen.

2. La joven escritora estaba agotada, porque había viajado por casi todo el país en la **promoción** de su primera novela.

3. En nuestra facultad, la **promoción** a puestos superiores se rige por un reglamento muy estricto.

XII. significativo, va *adj.*

1. Renato, ¿sabes lo que te digo? Me da la impresión de que no has hecho **significativos** progresos en el estudio últimamente.

2. A pesar de que son **significativos** nuestros avances en el ámbito científico y tecnológico, no tenemos ningún motivo para dormirnos en los laureles.

3. Al ver que yo iba a decir algo a la policía, mi novia me dirigió una mirada muy **significativa** para impedírmelo.

GRAMÁTICA

Significado de algunos prefijos

con (co, col, com): **co**incidencia, **col**ateral, **com**poner, **con**llevar

des: **des**componer, **des**contento, **des**plazar

in (im, ir): **im**posible, **im**probable, **in**tolerancia, **in**comprensible, **ir**real, **ir**regular

inter: **inter**nacional, **inter**poner, **inter**urbano, **inter**venir

multi: **multi**civilización, **multi**millonario, **multi**nacional, **multi**polar

pos (post): **pos**guerra, **pos**poner, **post**modernidad, **pos**venta (**post**venta)

pre: **pre**posición, **pre**selección, **pre**sentir, **pre**venir, **pre**ver

re: **re**abrir, **re**acción, **re**activar, **re**adquirir, **re**afirmar, **re**ajustar

trans (tras): **trans**portar, **trans**cribir (**tras**cribir), **trans**formar (**tras**formar)

Contestea las siguientes preguntas:

1. ¿Qué significa cada uno de esos prefijos?
2. Si algunos de ellos tienen variantes, ¿en qué caso se usa cada una de ellas?

- **con**:

  con (*prep.*): *en asociación con*, *al mismo tiempo que*, etc. Cuando se agrega a un vocablo iniciado con una vocal, se utiliza la variante *co-*: *co*laborar, *co*lega, *co*incidencia, *co*loquio. Si la palabra se inicia con *p* y *b*, se usa *com*: *com*pañero, *com*poner, *com*prometer, *com*binar.

- **des**:

  negación: *des*componer, *des*contento, *des*tapar, *des*tripar, *des*unión, *des*uso.

- **in**:

  negación: *in*culto, *in*cumplir, *in*decente, *in*útil. Cuando va delante de *b* y *p*, adopta la variante de *im*: *im*borrable, *im*posible. Delante de *r*, *ir*: *ir*racional, *ir*reconciliable, *ir*relevante.

- **inter**:

  entre: *inter*actuar, *inter*cambiar, *inter*comunicacion, *inter*dental.

- **multi**:

  mucho: *multi*color, *multi*media, *multi*millonario, *multi*nacional.

- **pos (post)**:

  después de, detrás de: *pos*grado, *pos*modernidad, *pos*posición. Ambas variantes se usan indistintamente.

- **pre**:

  antes de, delante de: *pre*cocinado, *pre*decir, *pre*escolar, *pre*fabricado, *pre*stablecido.

- **re**:

  repetición, reaccionar: *re*afirmar, *re*agrupar, *re*hacer, *re*poner, *re*producir.

- **tras (trans)**:

  más allá, al otro lado de: *trans*formar, *trans*portar, *tras*ladar, *trans*exual. Ambas variantes se usan indistintamcntc.

TAREAS QUE SE EFECTÚAN EN CLASE

11–01

I. Escuche la grabación y conteste a las siguientes preguntas relacionadas con el contenido del texto.

II. Añada a cada palabra su prefijo correspondiente y señale si cambia de significado.

> *con   des   in   inter   multi   pos (post)   pre   re   tras (trans)*

abrir, acción, aconsejar, activar, activo, actuar, adoptar, admisible, adquirir, afirmar, agrupar, animado, aparición, atlántico, brotar, buscar, cambio, capacidad, centrar, ciudadano, coger, color, construir, contar, controlar, correr, crear, decente, decir, dental, dependencia, destinado, determinar, digestión, dominante, equilibrio, escolar, estabilizar, fabricar, fase, figurar, fin, formación, formar, fraternidad, grado, lateral, legal, limitado, llevar, lógico, media, millonario, moderno, nacional, paciencia, padre, pago, par, parcial, penetración, placer, poner, popular, portar, posición, probable, propiedad, realizable, regular, repetible, responsable sexual suegro, tener, venir, venta, ver

III. Separe el prefijo de cada palabra e indique el cambio de significado según el diccionario.

cohabitar, colateral, compartir, complacer, condolencia, conllevar, correlativo, corresponder, desatar, desautorizar, descafeinar, descalzar, descargar, ilegítimo, ilimitado, impaciente, impar, inalámbrico, inalterable, irresistible, irrespetar, interlínea, intermedio, interponer, interrelación, multicelular, multilateral, multimillonario, multinacional, pos(t)grado, posparto, posponer, pos(t)venta, prehistoria, prejuicio, prenatal, presentir, realquilar, rearmar, rebajar, rebrotar, transformar, transportar, transatlántico, trasnochar

IV. Parafrasee las siguientes oraciones de la lección, fijándose especialmente en las partes subrayadas.

1. Si continúan el ascenso de China y la creciente seguridad en sí misma de esta...

2. El fundamentalismo religioso y cultural solo puede ganar terreno utilizando en beneficio propio los problemas contemporáneos...

3. <u>la argumentación de Huntington en torno al choque de civilizaciones es catalogada</u> <u>como general e implícita</u> cuando defiende que la civilización occidental es superior...

_____

4. <u>y la disposición a desafiar ideas recibidas como obvias</u>...

_____

5. ... <u>algunas de las ideas que vienen en este paquete son dañinas.</u>

_____

6. ... <u>está aprendiendo a quedarse con los primeros y a prescindir de los segundos</u>...

_____

V. Complete las oraciones con el vocablo adecuado.

configuración   configurar(se)

1. La adolescencia es un periodo muy importante y delicado, porque durante la misma se perfila la _____ del carácter de una persona.

2. Hay acontecimientos históricos trascendentales que cambian radicalmente la _____ de la sociedad.

3. La forma tan fantasmagórica _____, durante milenios, debido a la erosión de lluvia y viento.

4. Tras varios días de intenso trabajo, acabé _____ un borrador del proyecto de investigación, para someterlo a la consideración del decano.

coincidencia   coincidir

1. Es muy improbable que _____ las dos personas en el mismo sitio y a la misma hora.

2. Que dos naciones diferentes guarden ciertas semejanzas no puede ser mera _____ .

3. ¡Qué _____! ¡Justo quiero viajar a ese país en las vacaciones! ¿Por qué no vamos juntos?

4. ¿No lo has notado? Felipa hace todo lo posible para no _____ en el pasillo con su exnovio.

ejercer   ejercicio

1. Dicen que es bastante eficiente para relajarse el _____ de la respiración.

2. El pernicioso ambiente familiar _____ influencia muy negativa sobre esos niños.

3. ¿Crees fácil _____ de la abogacía?

4. La sincera amistad y la ayuda de los colegas contribuyó a que yo llegara a _____ competentemente mi profesión.

explícito　　*implícito*

1. Mi amigo Julián no es una persona muy expansiva, pero todo el cariño que me depara está _____ en lo que hace por mí.
2. Su siniestra sonrisa es lo suficientemente _____ como para desconfiar de él.
3. A estas alturas en las declaraciones de ambos gobiernos ya está incluso _____ su antagonismo.
4. El gesto llamado *mohín* lleva _____ el enfado o disgusto.

generación　　*generar*

1. ¿Cómo _____ la electricidad en esa zona?
2. De seguir el conflicto fronterizo entre esos países, se puede _____ una cruenta guerra.
3. A pesar de ser de la misma _____, tienen una mentalidad muy diferente.
4. Hay que controlar la _____ de tantos residuos contaminantes para el medio ambiente.

intervención　　*intervenir*

1. Te aconsejo que no _____ en ese asunto, porque entra en conflicto con los intereses de mucha gente.
2. La _____ directa internacional en los asuntos internos de un país complicó enormemente su situación.
3. Numerosos voluntarios _____ en la limpieza de la playa.
4. Muchas gracias, Mónica, tu oportuna _____ en la querella ha evitado un desastre.

predominante　　*predominar*

1. En este periodo del año _____ un clima húmedo y caluroso en nuestra región.
2. En los países hispanohablantes _____ la religión cristiana sobre muchas otras.
3. Los historiadores llegaron a la conclusión de que las herramientas neolíticas eran _____ en aquellas dos civilizaciones prehistóricas.
4. Durante la evolución del pensamiento chino surgieron múltiples corrientes, pero el confucianismo fue la _____ a lo largo de la historia del país.

promoción   promover

1. He perdido contacto con la mayoría de los compañeros de mi _____.

2. A partir del Movimiento del 4 de Mayo, en China se comenzó a _____ una nueva cultura basada en la ciencia y la democracia.

3. Es indignante que _____ a una persona déspota e incompetente al cargo de director del departamento.

4. Esta novela es la primera obra de la joven escritora. Habrá que llevar a cabo una gran campaña de _____ para que la conozca la mayor cantidad posible de aficionados a la literatura.

significado   significar   significativo

1. A mí me resulta bastante difícil de captar el _____ de la palabra *configurar*.

2. Profesora, ¿puede explicarme qué _____ la expresión *punto muerto*?

3. Fue muy _____ el cambio de la configuración política del mundo a raíz de la Segunda Guerra Mundial.

4. Me parece bastante _____ que Ernesto plantease ese problema en la reunión de ayer.

5. Basta con analizar la composición del vocablo multi civilización para entender lo que _____.

6. ¿Puedes diferenciar el _____ de *improbable* y el de *imposible*?

VI. Traduzca al español las siguientes oraciones.

1. 有些人不愿意承认教育质量是影响社会进步的主要因素之一。

2. 现在我还不能告诉你能否出席你们的报告会，我得查一下我的日程安排。

3. 已经召开峰会来解决某些国际冲突问题了。

4. 数小时之内我们将穿越一片路面崎岖的区域。

5. 这两种现象的偶合不说明任何问题。你不可能得出有说服力的结论。

6. 媒体对公众影响很大。

7. 关于这个问题我已经说得很清楚了，不想再啰唆了。

8. 你的干预引发了严重冲突。

9. 调查清楚地表明学校的女生多于男生。

10. 这种产品的促销活动并未引起公众强烈反响。

11. 校长先生，依我之见，改革的诉求就包含在最近的行政报告中。

12. 是什么决定了一个人性格的形成？

VII. Ponga los infinitivos que están entre paréntesis en el tiempo y la persona correspondientes, o en formas no personales adecuadas.

A principios de los 90, el colapso de la Unión Soviética y la intervención estadounidense en Irak _____ (hacer) que muchos analistas y académicos _____ (elaborar) nuevas teorías para explicar cómo _____ (ser) el sistema internacional en el mundo de la pos Guerra Fría. Una de las primeras interpretaciones en atraer la atención del público _____ (ser) la del politólogo estadounidense Francis Fukuyama, que en *El fin de la historia y el último hombre* (1992) _____ (argumentar) que la desaparición del bloque comunista _____ (dar) paso a un mundo unipolar dominado por EE. UU. y sus aliados; que con el paso del tiempo, la democracia liberal y el libre mercado _____ (acabar) _____ (imponerse) como el modelo político dominante a nivel mundial, y que por eso no _____ (existir) la lucha ideológica que _____ (definir) las décadas anteriores.

Un antiguo compañero de Fukuyama en la Universidad de Harvard, Samuel Huntington, _____ (expresar) su desacuerdo con esa teoría en un artículo publicado en la revista *Foreign Affairs* en 1993, _____ (titularse) ¿*Choque de civilizaciones*? La expresión no _____ (ser) _____ (acuñar) por Huntington, sino por el polémico orientalista Bernard Lewis, pero saltó a la fama de la mano del politólogo estadounidense. La repercusión del artículo _____ (ser) tal que el autor _____ (animarse) a escribir un libro para ampliar su tesis, con el nombre —esta vez sin interrogación— *El choque de civilizaciones y la reconfiguración del orden mundial*. El argumento principal de la obra es que "la cultura y las identidades culturales, que en su sentido más amplio son identidades civilizatorias, están _____ (dar) forma a los patrones de cohesión, desintegración y conflicto en el mundo de la pos Guerra Fría". En otras palabras, las diferencias y afinidades culturales _____ (ser) las principales causas de alianzas y conflictos en el nuevo orden mundial multipolar.

(*Hutingtong y el nuevo orden mundial*, Alejandro Salamanca, EOQ, 15 de agosto de 2017)

11–02

VIII. Escuche la grabación y luego haga un resumen oral.

IX. Temas de debate.

1) ¿Cuáles son las grandes civilizaciones que configuran el mundo de la posguerra fría según el autor?

2) ¿Cree usted que las diferencias culturales entre los diversos bloques de naciones conducen necesariamente a conflictos e incluso a cruentas guerras? Razone su respuesta.

3) Exponga su criterio respecto a las relaciones entre China y los Estados Unidos.

UNIDAD 第十二课 12

La tolerancia

(*Tolerance,* Hendrik Willem Van Loon, nuestra propia traducción y adaptación)

Un hombre ignorante, simplemente por su ignorancia, es un tipo sumamente peligroso. Sobre todo, cuando procura encontrar una justificación por su estrechez intelectual, puede convertirse en un santo monstruo. Entonces erige en su alma un baluarte de granito cimentado sobre su propia infalibilidad, y desde la cima de la sólida fortaleza, desafía a sus enemigos, o sea, a todos aquellos que presume que no comparten sus prejuicios, y les pregunta si realmente tienen derecho de vivir en el mundo.

Los que padecen del delirio en cuestión suelen ser tan impíos como viles. Como viven constantemente con miedo, son propensos a la crueldad, con especial afición a ensañarse sobre personas que detesta. Fue entre esta gente donde surgió por primera vez la extravagante idea del supuesto "pueblo selecto". Además, las víctimas de semejante quimera han tratado de fortalecer su autoconfianza mediante una imaginaria relación que dicen que existe entre ellos y el invisible Dios. Está visto que el invento tiene como objeto investir de consentimiento divino a su intolerancia.

Por ejemplo, estos señores nunca dirán: "Vamos a ahorcar a Fulano porque creemos que nos amenaza en nuestra felicidad, porque lo odiamos con todo el corazón, porque nos da gusto ahorcarlo". No, ¡de ninguna manera! Ellos se reúnen para deliberar, con solemnidad, horas, días y hasta semanas sobre el destino del susodicho Fulano. Cuando finalmente se dicta una sentencia, el pobre hombre, que a lo mejor solo ha cometido un vulgar hurto, ahora, frente a tanta solemnidad, se siente convencido de que es un horroroso engendro que se ha atrevido a ofender el designio providencial, transmitido misteriosamente a alguien selecto que es la única persona capaz de interpretar los mensajes divinos. De modo que llega a ser una necesidad sagrada su ejecución, que, además, colmará de gloria al juez que tiene tanto coraje y perspicacia de ajusticiar a un compinche de Satanás.

Con toda seguridad, la multitud que contempla extáticamente embobada la triste agonía de miles y miles de mártires, no está compuesta por criminales. Son todos decentes y piadosos y tienen la plena convicción de que están haciendo algo agradable y meritorio a ojos de su propia deidad. Ahora, trata de hablar con esta gente de tolerancia. Te refutarían diciendo que es una ignominiosa confesión de flojera moral. Sí, ellos son intolerantes, de lo que se enorgullecen precisamente y con razón. ¿No están presenciando la ejecución de un delincuente? Pues bien, una vez acabado el espectáculo, todos retornarán a sus confortables casas donde les espera un suculento guisado de carne y garbanzos. Este hecho en sí demuestra con suficiente elocuencia que actúan y piensan correctamente. ¿Acaso ellos no han estado entre los espectadores? ¿Por qué no los han puesto en el lugar del criminal?

Para mí es un argumento muy flojo, pero recurrente y difícil de rebatir cuando la gente tiene entre ceja y ceja que sus ideas son las mismas que las de Dios y no están dispuestos a reconocer que pueden estar equivocados.

Cabe mencionar también otra posibilidad: la intolerancia tiene otra razón de ser. En realidad, es una manifestación de envidia, tan frecuente como la roña de cerdo. Por ejemplo, un sabio llegó a un lugar y le dijo a la gente que el favor providencial no se obtenía matando bueyes o cabras. De inmediato, todos aquellos que sacaban provecho de los sacrificios ceremoniales le acusaron de peligroso revolucionario y se precipitaron a condenarlo a muerte antes de que obstruyera la fuente de sus ingresos.

De modo que desde siempre han existido guerras entre aquellos cuya subsistencia depende de algún culto establecido y los que procuran apartar a los feligreses de un templo para llevarlos a otro.

TEXTO B

Respeto y tolerancia son términos que van de la mano. Son dos valores humanos que no se pueden olvidar en ninguna circunstancia. Si se desea vivir en una sociedad tolerante, es fundamental respetar al prójimo y tolerar que piense diferente por mucho que se crea que está equivocado.

En la Real Academia Española, el término tolerancia está definido en su acepción 2 como «respeto a las ideas, creencias o prácticas de los demás cuando son diferentes o contrarias a las propias». En la acepción 3, se da un paso más allá, refiriéndose al reconocimiento de inmunidad política para quienes profesan religiones distintas de la admitida oficialmente.

En 1995, los Estados miembros de la UNESCO, habiendo tomando conciencia de que, para conseguir la paz en sus sociedades, era necesario adoptar medidas para fomentar la tolerancia, firmaron la Declaración de Principios Básicos sobre la Tolerancia, donde reconocían que "la tolerancia consiste en el respeto y el aprecio de la diversidad de las culturas humanas y sus formas de expresión. Supone la armonía en la diferencia, actitud que respeta los derechos universales que deben imperar en cualquier Estado de derecho.

TAREAS QUE DEBE EFECTUAR EL ALUMNADO ANTES DE LA CLASE

I. **Consulte el diccionario español—español (o uno bilingüe en caso estrictamente necesario) para informarse de la acepción en que se usan en el texto los siguientes vocablos o grupos léxicos polisémicos y decir luego lo que significan en chino.**

estrechez	baluarte	granito
cimentado, da	infalibilidad	desafiar
presumir	prejuicio	inquirir
delirio	en cuestión	impío, a
vil	propenso, sa	ensañarse
detestar	extravagante	quimera
investir	ahorcar	fulano, na
deliberar	susodicho, cha	hurto
engendro	designio	providencial
colmar	ajusticiar	compinche
Satanás	extáticamente	embobado, da
agonía	mártir	piadoso, sa
refutar	ignominioso, sa	flojera
recurrente	rebatir	tener entre ceja y ceja
roña	omnipotente	obstruir
feligrés	inmunidad	profesar
imperar		

II. **Sustituya, según el contexto, la voz en cursiva por alguna otra sin cambiar el sentido de la oración.**

1. Un hombre ignorante, _____ *simplemente* por su ignorancia, es un tipo *sumamente* peligroso.

2. Sobre todo, cuando _____ *procura* encontrar una justificación por su _____ *estrechez* intelectual, puede convertirse en un santo monstruo.

3. Entonces _____ *erige* en su alma _____ *un baluarte* de granito _____ *cimentado* sobre su propia infalibilidad, y desde la cima de la sólida fortaleza, desafía a sus enemigos, o sea, a todos aquellos que _____ *presume* que no comparten sus prejuicios, y les pregunta si realmente tienen derecho de vivir en el mundo.

4. Los que padecen del delirio _____ *en cuestión* suelen ser tan impíos como viles.

5. Como viven constantemente con miedo, son propensos a la crueldad, con especial afición a ensañarse sobre personas que _____ *detesta*.

6. _____ *Está visto* que el invento tiene como objeto _____ *investir* de _____ *consentimiento* divino a su intolerancia.

7. Ellos se reúnen para _____ *deliberar*, con solemnidad, horas, días y hasta semanas sobre el destino del *susodicho* Fulano _____.

8. Cuando finalmente se dicta una sentencia, el pobre hombre, que a lo mejor solo ha cometido un _____ *vulgar* hurto, ahora, frente a tanta solemnidad, se siente convencido de que es un _____ *horroroso* _____ *engendro* que se ha atrevido a _____ *ofender* el designio providencial, transmitido misteriosamente a alguien selecto que es la única persona capaz de interpretar los mensajes divinos.

9. Te _____ *refutarían* diciendo que es una _____ *ignominiosa* _____ *confesión* de _____ *flojera* moral.

10. De inmediato, todos aquellos que sacaban provecho de los sacrificios ceremoniales le acusaron de peligroso revolucionario y se precipitaron a condenarlo a muerte antes de que _____ *obstruyera* la fuente de sus ingresos.

III. Interprete el significado de las oraciones.

1. Entonces erige en su alma un baluarte de granito cimentado sobre su propia infalibilidad, y desde la cima de la sólida fortaleza, desafía a sus enemigos, o sea, a todos aquellos que presume que no comparten sus prejuicios, y les pregunta si realmente tienen derecho de vivir en el mundo.

2. Los que padecen del delirio en cuestión suelen ser tan impíos como viles.

3. Además, las víctimas de semejante quimera han tratado de fortalecer su autoconfianza mediante una imaginaria relación que dicen que existe entre ellos y el invisible Dios. Está visto que el invento tiene como objeto investir de consentimiento divino a su intolerancia.

4. Cuando finalmente se dicta una sentencia, el pobre hombre, que a lo mejor solo ha cometido un vulgar hurto, ahora, frente a tanta solemnidad, se siente convencido de que es un horroroso engendro que se ha atrevido a ofender el designio providencial, transmitido misteriosamente a alguien selecto que es la única persona capaz de interpretar los mensajes divinos.

5. Te refutarían diciendo que es una ignominiosa confesión de flojera moral.

6. Este hecho en sí demuestra con suficiente elocuencia que actúan y piensan correctamente. ¿Acaso ellos no han estado entre los espectadores? ¿Por qué no los han puesto en el lugar del criminal?

7. De inmediato, todos aquellos que sacaban provecho de los sacrificios ceremoniales le acusaron de peligroso revolucionario y se precipitaron a condenarlo a muerte antes de que obstruyera la fuente de sus ingresos.

8. De modo que desde siempre han existido guerras entre aquellos cuya subsistencia depende de algún culto establecido y los que procuran apartar a los feligreses de un templo para llevarlos a otro.

IV. Investigue para obtener información sobre las siguientes personalidades: Giordano Bruno, Santo Tomás de Aquino, Copérnico.

EJEMPLOS CON ALGUNOS VOCABLOS Y EXPRESIONES USUALES

I. amenazar

A. *tr.*

1. La prisionera se negó a hablar, a pesar que **amenazaban** con matarla.
2. El patrón **amenazó** a los huelguistas con despedirlos a todos.
3. Cuando se enteró de que querían denunciarlo por corrupción, el director **amenazó** con montar un escándalo.

B. **amenaza** *f.*

1. No me vengas con **amenazas**. No te valdrán para nada.
2. En aquellos tiempos, había a menudo **amenazas** de bomba en la universidad donde yo estudiaba.
3. Cualquier fanatismo, sea religioso, político o ideológico, constituye una **amenaza** para la sociedad.

C. **amenazador, ra** *adj.*

1. El tipo asumió una actitud **amenazadora** con el objetivo de intimidar a los presentes.
2. El leopardo, con un rugido **amenazador**, impidió que la hiena se acercara a su presa.
3. El funcionario nos lanzó una mirada **amenazadora** como diciendo: a ver quién se atreve a denunciarme.

II. detestar

A. *tr.*

1. **Detesto** a los hipócritas.

2. La gente prepotente **detesta** que haya alguien mejor que ellos.

3. Me extraña que seas capaz de tratar con tanta naturalidad a personas que **detestas**.

B. **detestable** *adj.*

1. Oye, tu vecino es realmente **detestable**, siempre se cree superior a los demás.

2. El maltrato a las mujeres es una lacra **detestable** de la sociedad.

III.　en cuestión

1. ¿Cómo se le ocurrió a esa gente que era una raza superior? La idea **en cuestión** me parece tan infundada como detestable.

2. Ya sé a quién te refieres. La chica **en cuestión** es sumamente inteligente y emprendedora.

3. Clara obtuvo el primer premio en un concurso literario. El hecho **en cuestión** determinó su carrera como escritora.

IV.　fortalecer *tr.*

1. No seas ingenuo: las vitaminas no **fortalecen** tu sistema inmunológico.

2. Los dos países han celebrado sucesivas negociaciones tratando de **fortalecer** sus lazos en casi todos los ámbitos diplomáticos.

3. Para **fortalecer** los músculos lo mejor es que vayas al gimnasio.

V.　ignorante

A. *adj.*

1. Las personas **ignorantes** se dejan embaucar y manipular fácilmente.

2. Feliz es el **ignorante**, porque no sabe nada.

3. Perdón, estoy totalmente **ignorante** de lo que ha ocurrido. Por favor, cuéntame qué ha pasado.

B. **ignorancia** *f.*

1. Decir que el latín y el griego no sirven para nada demuestra una **ignorancia** enorme.

2. Lo siento, amigos. Reconozco totalmente mi **ignorancia** sobre este tema, así que lo dejo en sus manos.

3. Algunos académicos destacan por tener un gran conocimiento teórico y una profunda **ignorancia** de los problemas de la sociedad.

C. **ignorar** *tr.*

1. Si **ignoras** lo que pasó en aquel periodo histórico, que te calles y no hagas esos comentarios infundados.

2. El conferenciante reveló algunos datos que todos **ignorábamos**.

3. Agustín era tan pesado que acabé por **ignorarlo** y prestarle atención.

4. Cuando levanté la mano para pedir la palabra, la presidenta me **ignoró** dándosela a otra persona.

VI. justificar(se)

A. *tr.*

1. Todos hemos llegado a tiempo a pesar del tráfico. No es excusa para **justificar** tu retraso.

2. El ciclista procuró **justificar** su infracción diciendo que no conocía el reglamento.

3. Mira, lo que ha hecho tu amigo no ha estado bien. No trates de **justificarlo**.

B. *prnl.*

1. Nunca has reconocido ningún error. Siempre tienes un argumento para **justificarte**.

2. No entiendo cómo siempre saben **justificarse** los poderosos para aprovecharse del pueblo.

C. **justificación** *f.*

1. Al no encontrar ninguna **justificación** a lo que había hecho, se calló.

2. La endeble **justificación** que esgrimió el acusado hizo reír a carcajadas a todo el mundo.

3. La ignorancia de la ley no puede constituir una **justificación** de ningún delito que se cometa.

VII. ofender

A. *tr.*

1. Mire, señor, no es mi propósito **ofenderlo**, pero tengo que decirle con toda franqueza que la teoría que usted sostiene es propia de un ignorante.

2. Les juro que nadie utilizó ninguna palabra que pudiera **ofender** a la ilustre invitada.

B. *prnl.*

1. Al escuchar las palabras de aquel hombre, sospeché que procuraba **ofenderme** deliberadamente.

2. No **te ofendas** si afirmo que, igual que todos los mortales, tú también te equivocas.

3. No entiendo por qué algunos **se ofendieron** tanto cuando dije que la intolerancia era producto de la ignorancia.

C. **ofensa** *f.*

1. Cuando hablé de la estrechez intelectual de la sociedad, un oyente se lo tomó como una **ofensa** personal.

2. Tomarse con humor algunas diferencias culturales no tiene por qué ser una **ofensa**.

3. Para él cualquier crítica es una **ofensa** imperdonable.

D. **ofensivo, va** *f*.; *adj*.

1. Tras un periodo de tregua, el ejército pasó a la **ofensiva**.

2. No veo nada **ofensivo** en la broma que te ha gastado tu amigo. Sencillamente quería hacerse el gracioso. No seas tan susceptible.

3. Oye, la respuesta que le has dado a Beatriz me parece bastante **ofensiva**.

VIII. padecer

A. *tr*.

1. A tu abuelo lo veo últimamente muy débil y en los huesos. ¿Qué enfermedad **padece**?

2. Hacer ejercicios de forma regular prevendrá que los niños **padezcan** el sobrepeso y la obesidad.

B. *intr*.

1. **Padezco** de un dolor de cabeza desde que una vez, hace años, me di un golpe.

2. No deberías seguir trabajando con tanta intensidad, ya que **padeces** de corazón.

3. Aunque Rocío ha tenido muy mala suerte en la vida, **padece** en silencio y nunca se queja de nada.

IX. presumir

A. *tr*.

1. Aún no hay una prueba fiable que permita **presumir** la existencia de vida inteligente extraterrestre.

2. Con semejante crisis energética, es lógico **presumir** que la tarifa de gas y electricidad va subiendo sin tregua.

B. *intr*.

1. Detesto a las personas que **presumen** de ser los mejores en todo, aunque sean unos auténticos inútiles.

2. El que mucho **presume** de mucho carece.

3. Cuando una persona cuida excesivamente su especto externo, se dice que **presume** mucho.

C. **presumido, da** *adj*.

1. No taches de **presumida** a Lilia. Simplemente le gusta ir limpia y bien arreglada, pero nunca se la ve con un maquillaje exagerado y de mal gusto.

2. Mira lo **presumida** que es tu prima, que se pasa las horas delante del espejo.

3. Nos hizo mucha gracia ver a aquel niño tan **presumido** que se pavoneaba ante nosotros con su nuevo trajecito.

X. procurar *tr.*

1. **Procura** transmitir seguridad al hablar.

2. Sara siempre **procuraba** hacer todo en secreto, sin que nadie lo viera.

3. Desde niño, Felipe ya era consciente de que su madre siempre **procuraba** lo mejor para él.

XI. refutar

A. *tr.*

1. Aunque Luis no pudo **refutar** nuestro argumento, tampoco nos dio la razón.

2. Escucha, hay un hecho que **refuta** todo lo que has dicho.

3. No hay que **refutar** ninguna hipótesis mientras no se sepa qué ha ocurrido.

B. **refutación** *f.*

1. ¿No ves? La misma realidad constituye una **refutación** de tu teoría.

2. Hasta el momento no ha habido una **refutación** muy convincente de nuestra hipótesis.

3. La **refutación** que el abogado del acusado presentó a todas y cada una de las acusaciones fue absolutamente impecable.

XII. tolerar

A. *tr.*

1. Los padres que **toleran** todo a su niño, corren el riesgo de crear un monstruo.

2. ¿Sabes lo que te digo? Eres un déspota, ya que no **toleras** que nadie te contradiga.

3. Puedo pasar por alto tu ignorancia, pero no **tolero** tu soberbia.

B. **tolerancia, intolerancia** *f.*

1. Oiga, señor Muñoz, admiro su **tolerancia**. Yo no le habría aguantado tanta insolencia al jovenzuelo aquel.

2. Cualquier **intolerancia** es perniciosa, sea religiosa, política o ideológica.

3. La **intolerancia** es producto de la estrechez intelectual.

C. **tolerante, intolerante** *adj.*

1. La vida me ha enseñado a ser **tolerante** con los demás, al comprender que cada uno tiene sus virtudes y defectos.

2. En su delirio de grandeza, el jefe se vuelve cada vez más **intolerante** con sus subalternos.

3. Señor director, le advierto de que mostrarse **intolerante** incluso en nimiedades no es señal de la corrección política, sino más bien al contrario.

GRAMÁTICA

Gerundio compuesto

Véase la siguiente oración del texto B:

En 1995, los Estados miembros de la UNESCO, **habiendo tomando** conciencia de que, para conseguir la paz en sus sociedades, era necesario adoptar medidas para fomentar la tolerancia, **firmaron** la Declaración de Principios Básicos sobre la Tolerancia.

Aquí tenemos un ejemplo del gerundio compuesto. Vamos a ver qué diferencia existe entre el gerundio compuesto y el simple.

El gerundio simple sirve para expresar, respecto a lo denotado por el verbo principal, un concepto verbal imperfectivo, simultáneo o inmediatamente anterior.

1) Te **refutarían diciendo** que es una ignominiosa confesión de la flojera moral.

(*La refutación y las palabras dichas se producen al mismo tiempo.*)

El gerundio compuesto expresa un tiempo verbal perfecto, anterior a la acción del verbo principal.

2) **Habiendo entregado** el proyecto al rector, lo único que podíamos hacer **era** esperar su autorización para llevarlo a cabo.

TAREAS QUE SE EFECTÚAN EN CLASE

2–01

I. **Escuche la grabación y conteste a las siguientes preguntas relacionadas con el contenido del texto.**

II. **Ponga el infinitivo entre paréntesis en gerundio simple o compuesto según convenga.**

1. ¿Te refieres a Humberto? Pues, _____ (conocerlo), seguro que está tramando algo malo.

2. _____ (Presenciar) aquella horrible escena, no pude volver a dormir tranquilos por las noches.

3. _____ (Ver) que su amenaza no nos intimidaba en absoluto, los asaltantes se retiraron para esconderse en el bosque.

4. _____ (Presumir) que te retrasarías, fui al supermercado de enfrente a hacer compras.

5. Felisa seguía manteniendo la dignidad, _____ (padecer) todo tipo de humillaciones.

6. ¿Todavía procuras justificar tus actos, _____ (hacer) tanto daño a quienes te rodean?

7. _____ (Darte) mil y una razones para que no fueras, hiciste al final lo que te dio la gana.

8. _____ (Ignorar) totalmente lo que había pasado, hice un comentario fuera de lugar.

9. Se puso fuerte _____ (hacer) ejercicio todos los días.

10. No entiendo cómo se lo permites, _____ (insultarte) él de forma tan evidente.

III. **Traduzca al español las siguientes oraciones, tratado de usar el gerundio simple o compuesto cuando sea necesario.**

1. 不知道为什么楼房的基础都打好了，他们却放弃了这个工程。
2. 极地探险者准备冒着暴风雪继续前进。
3. 我好奇地瞥了女朋友一眼，想知道她是怎么找到那个报酬丰厚的职位的。
4. 历经千辛万苦，如今我们什么都不怕了。
5. 只要他钻了牛角尖，就没法叫他改变主意。
6. 这种传统被一代代传承下来，已经是那个民族文化的一部分了。
7. 尽情地欣赏着眼前壮丽的景色，游客们没觉察到一头狮子已经向他们靠近了。
8. 那孩子拆开了新买的玩具，却不知道怎么重新组装起来。
9. 你怎么能在对我们说了那么难听的话之后，就跟没事儿人一样走开呢？
10. 看到老师给女儿颁奖时观众们热烈地鼓掌，父母两人十分激动。

IV. **Sustituya las palabras en cursiva por expresiones similares que encuentre en el texto, según el contexto.**

1. Te advierto: ya no voy a seguir _____ *aguantando* tu insolencia.

2. El problema _____ *arriba mencionado* en este mismo documento afecta a toda la comunidad.

3. Su comportamiento es _____ *un ultraje* para la imagen de este país.

4. No te imaginas las penalidades que _____ *sufrieron* mis abuelos.

5. Ya deja de _____ *jactarte* de tu riqueza. Es de muy mal gusto.

6. _____ *Intenté* que Jesús dispusiera de todos los recursos necesarios para su investigación, pero resultó en vano.

7. No creo que seas capaz de _____ *rebatir* mis argumentos.

8. Todavía _____ *se desconoce* lo que ha sucedido.

9. Frente a tantas pruebas, ¿todavía tienes el valor de _____ *excusarte*?

10. _____ *Aborrezco* a las personas prepotentes e hipócritas.

11. Las reformas de los cimientos _____ *reforzarán* la estabilidad del edificio.

12. No intentes _____ *intimidarme* con eso.

V. Asocia los siguientes recursos retóricos con los elementos en cursiva de las oraciones extraídas del texto.

metáfora 暗喻　　　　　ironía 讥讽　　　　　hipérbole 夸张

personificación 拟人化　　símil 明喻　　　　paradoja 悖论

1. Sobre todo, cuando procura encontrar una justificación por su estrechez intelectual, puede convertirse en un *santo monstruo*.

2. *Entonces erige en su alma un baluarte de granito cimentado sobre su propia infalibilidad, y desde la cima de la sólida fortaleza, desafía a sus enemigos.*

3. Los que *padecen del delirio* en cuestión suelen ser tan impíos como viles.

4. Como viven constantemente con miedo, son propensos a la crueldad, *con especial afición* a ensañarse sobre personas que detesta.

5. De modo que llega a ser *una necesidad sagrada* su ejecución, que, además, *colmará de gloria al juez que tiene tanto coraje y perspicacia de ajusticiar a un compinche de Satanás*.

6. Con toda seguridad, la multitud que contempla *extáticamente embobada* la triste agonía de miles y miles de mártires, no está compuesta por criminales.

7. En realidad, es una manifestación de envidia, tan frecuente *como la roña de cerdo*.

8. De inmediato, todos aquellos que sacaban provecho de los sacrificios ceremoniales le acusaron de peligroso revolucionario y se precipitaron a condenarlo a muerte antes de que *obstruyera la fuente* de sus ingresos.

9. De modo que desde siempre han existido guerras entre aquellos cuya subsistencia depende de *algún culto establecido y los que procuran apartar a los feligreses de un templo para llevarlos a otro*.

VI. Traduzca al español las siguientes oraciones.

1. 城市被围困了这么长时间，饥荒开始威胁全体居民。

2. 根本没法驳斥你的论点，因为你说的话毫无意义。

3. 说说吧，这次你打算怎样为自己的错误辩解？

4. 发现自己的男朋友很虚伪，而且充满偏见，Hortensia 难免开始厌恶他。

5. 到目前为止，医生还没查出入院病人得的什么病。

6. 为什么 Román 跟你打招呼你不搭理他？

7. 我打一开始就觉得咱们很难跟他相处。当时就感到他不怎么容人。

8. 那本书的出版增强了两国的外交关系。

9. 行了，别太自负了，你没那么机灵。

10. 很遗憾，请你原谅。我无意冒犯你。

11. 回到家我极力避免弄出声响，结果还是吵醒了父母。

VII. Traduzca al chino las siguientes oraciones.

1. Sobre todo, cuando procura encontrar una justificación por su estrechez intelectual, puede convertirse en un santo monstruo.

2. Entonces erige en su alma un baluarte de granito cimentado sobre su propia infalibilidad, y desde la cima de la sólida fortaleza, desafía a sus enemigos, o sea, a todos aquellos que presume que no comparten sus prejuicios, y les pregunta si realmente tienen derecho de vivir en el mundo.

3. Fue entre esta gente donde surgió por primera vez la extravagante idea del supuesto "pueblo selecto".

4. Además, las víctimas de semejante quimera han tratado de fortalecer su autoconfianza mediante una imaginaria relación que dicen que existe entre ellos y el invisible Dios. Está visto que el invento tiene como objeto investir de consentimiento divino a su intolerancia.

5. Cuando finalmente se dicta una sentencia, el pobre hombre, que a lo mejor solo ha cometido un vulgar hurto, ahora, frente a tanta solemnidad, se siente convencido de que es un horroroso engendro que se ha atrevido a ofender el designio providencial, transmitido misteriosamente a alguien selecto que es la única persona capaz de interpretar los mensajes divinos.

6. Este hecho en sí demuestra con suficiente elocuencia que actúan y piensan correctamente. ¿Acaso ellos no han estado entre los espectadores? ¿Por qué no les han puesto en el lugar del criminal?

7. Para mí es un argumento muy flojo, pero recurrente y difícil de rebatir cuando la gente tiene entre ceja y ceja que sus ideas son las mismas que las de Dios y no están dispuestos a reconocer que pueden estar equivocados.

8. De modo que desde siempre han existido guerras entre aquellos cuya subsistencia depende de algún culto establecido y los que procuran apartar a los feligreses de un templo para llevarlos a otro.

12–02

VIII. Escuche la grabación y haga un resumen oral.

XI. Tema de debate.

Justifique su punto de vista sobre la tolerancia, a partir de argumentos concretos.

UNIDAD
第十三课
|3

1 FUNCIÓN COMUNICATIVA

2 EJEMPLOS CON ALGUNOS
VOCABLOS Y EXPRESIONES
USUALES

abominar; afrontar; contraste; culto, ta;
inspirar; instantáneo, nea; mortal; perfil;
repugnancia; resultar; término; trayectoria

3 GRAMÁTICA

● Repaso de la oración
unipersonal

![TEXTO A]

Asesinos de las *SS* con doctorado

(Fragmento del artículo del mismo título, Jacinto Antón, *El País*, 22 de junio de 2017)

La imagen que se tiene popularmente de un oficial de las *SS* es la de un individuo cruel hasta el sadismo, corrupto, cínico, arrogante, oportunista y no muy culto. Alguien que inspira, aparte de miedo, una repugnancia instantánea y una inquietante sensación de que es un ser muy distinto, un verdadero monstruo. El historiador francés especializado en el nazismo Christian Ingrao nos ha ofrecido ahora un perfil muy diferente, y desasosegante. Hasta el punto de identificar a un alto porcentaje de los mandos de las *SS* y de su servicio de seguridad, el temido SD, como verdaderos "intelectuales comprometidos".

El término, que ha escandalizado en el mundo intelectual francés, resulta escalofriante cuando se piensa que esos son los hombres que estuvieron a la cabeza de las unidades de exterminio. En su libro de reciente aparición en castellano *Creer y destruir, los intelectuales en la máquina de guerra de las SS* (Acantilado, 2017), Ingrao analiza pormenorizadamente la trayectoria y las experiencias de ochenta de esos individuos que eran académicos —juristas, economistas, filólogos, filósofos e historiadores— y a la vez criminales. Hay un fuerte contraste entre ellos y el cliché del oficial de las *SS*. Asesinos de masas en uniforme con un doctorado en el bolsillo, como describe el propio autor. Lo que hicieron los "intelectuales comprometidos", teóricos y hombres de acción, de las *SS* fue espantoso. Ingrao cita el caso del jurista y oficial de la *SD* Bruno Müller, a la cabeza de una de las secciones del *Einsatzgruppe D*, una de las unidades móviles de asesinato en el Este, que la noche del 6 de agosto de 1941 al transmitir a sus hombres la nueva consigna de exterminar a todos los judíos de la ciudad de Tighina, en Ucrania, se hizo traer a una mujer y a su bebé y los mató él mismo con su arma para dar ejemplo de cuál iba a ser la tarea.

Antes de matar a la mujer y al niño, habló a sus hombres del peligro mortal que afrontaba Alemania. Era un teórico de la germanización que trabajaba para crear una nueva sociedad, así que el asesinato era una de sus responsabilidades para crear la utopía. Curiosamente "había que matar a los judíos para cumplir los sueños nazis".

Ingrao sostiene que los intelectuales de las *SS* no eran oportunistas, sino personas ideológicamente muy comprometidas, activistas con una cosmovisión en la que se daban la mano el entusiasmo, la angustia y el pánico, y que, paradójicamente, abominaban de la crueldad. "Las *SS* eran un asunto de militantes. Gente muy convencida de lo que decía y hacía, y muy preparada". Pues resulta más preocupante aún. "Por supuesto. Hay que aceptar la idea de que el nazismo era atractivo y que atrajo como moscas a las élites intelectuales". "El nazismo es un sistema de creencias que genera mucho fervor, que cristaliza esperanzas y que funciona como una droga cultural en la psique de los intelectuales".

En realidad, si examinamos las masacres de la historia reciente veremos que hay intelectuales bajo el felpudo. En Ruanda, por ejemplo, los teóricos de la supremacía hutu, los ideólogos del Hutu Power, eran diez geógrafos de la Universidad de Lovaina. Casi siempre que hay asesinatos de masas hay intelectuales detrás.

TEXTO B

Que los Estados Unidos representa la "tierra de los libres", donde "todos los hombres son iguales", es un mito. Esta narrativa no solo elimina la historia de las comunidades indígenas, negras, chinas, mexicanas, e inmigrantes, sino que además coloca a los grupos blancos, considerados superiores, por sobre otras etnias. Como señala algunos especialistas, los Estados Unidos es un "territorio que niega" su pasado. Hay "un impulso por recordar lo que es atractivo y halagador, e ignorar el resto".

En 2020, las grandes manifestaciones contra el racismo han comenzado a remover los símbolos de la supremacía blanca. En el Reino Unido, los manifestantes lanzaron al río Avon el monumento de Edward Colston cuya fortuna se atribuye al comercio de esclavos; en Amberes, Bélgica, la estatua del Rey Leopoldo II fue blanco de ataques, y en Nueva Zelandia, fue removida la figura de John Hamilton, conocido por ser artífice de la guerra contra el pueblo Māori.

¿Quiénes son los que niegan la historia, el racismo, y la violencia racial? Negar la historia es ocultar la verdad, pero lo que se ha callado volverá a conocerse. La violencia racial se sustenta y expresa a través de un lenguaje racista. Tal como señala el escritor Ralph Ellison, "la forma de segregación más insidiosa y menos comprendida es la de la palabra. Porque si la palabra tiene la potencia de revivir y hacernos libres, también tiene el poder de cegar, encarcelar y destruir".

(Fragmento de *Cómo la Academia y la política en Estados Unidos llevan siglos alimentando el racismo*, *The Conversation*, 8 de julio de 2020)

TAREAS QUE DEBE EFECTUAR EL ALUMNADO ANTES DE LA CLASE

I. **Consulte el diccionario español—español (o uno bilingüe en caso estrictamente necesario) para informarse de la acepción en que se usan en el texto los siguientes vocablos o grupos léxicos polisémicos y decir luego lo que significan en chino.**

SS	sadismo	cínico, ca
arrogante	repugnancia	perfil
desasosegante	*SD*	escalofriante
exterminio	pormenorizado, da	jurista
contraste	cliché	consigna
Ucrania	afrontar	germanización
utopía	cosmovisión	darse la mano
pánico	paradójicamente	abominar
masacre	felpudo	supremacía
ideólogo	mito	halagador, ra
remover	artífice	segregación
insidioso, sa	cegar	

II. **Traduzca al chino las siguientes expresiones u oraciones.**

1. La imagen que se tiene popularmente de un oficial de las *SS* es la de un individuo cruel hasta el sadismo, corrupto, cínico, arrogante, oportunista y no muy culto.

2. Alguien que inspira, aparte de miedo, una repugnancia instantánea y una inquietante sensación de que es un ser muy distinto, un verdadero monstruo.

3. ... nos ha ofrecido ahora un perfil muy diferente, y desasosegante.

4. intelectuales comprometidos

5. Hay un fuerte contraste entre ellos y el cliché del oficial de las *SS*.

6. Era un teórico de la germanización que trabajaba para crear una nueva sociedad, así que el asesinato era una de sus responsabilidades para crear la utopía.

7. ... los intelectuales de las *SS* no eran oportunistas, sino personas ideológicamente muy comprometidas, activistas con una cosmovisión en la que se daban la mano el entusiasmo, la angustia y el pánico, y que, paradójicamente, abominaban de la crueldad.

8. El nazismo es un sistema de creencias que genera mucho fervor, que cristaliza esperanzas y que funciona como una droga cultural en la psique de los intelectuales.

9. Que los Estados Unidos representa la "tierra de los libres", donde "todos los hombres son iguales", es un mito.

10. ... la forma de segregación más insidiosa y menos comprendida es la de la palabra. Porque si la palabra tiene la potencia de revivir y hacernos libres, también tiene el poder de cegar, encarcelar y destruir.

III. Infórmese de más detalles sobre los siguientes términos.

SS, racismo, Hutu, pueblo, Ucrania, germanización, nazi, judío, comercio de esclavo, pueblo Māori, lenguaje racista

EJEMPLOS CON ALGUNOS VOCABLOS Y EXPRESIONES USUALES

I. abominar

A. *tr*.

1. Para que lo sepas: yo **abomino** la hipocresía con todas mis fuerzas.

2. El nuevo jefe que nos han impuesto es una persona que provoca una repugnancia instantánea. Todos lo **abominamos**.

B. *intr*.

1. Es curioso: un tipo que dice **abominar** de la adulación se muestra tan zalamero ante sus superiores.

2. Era un señor que maldecía y **abominaba** de toda opinión que se opusiera a los libros de caballería.

C. **abominable** *adj*.

1. La codicia y la ambición pueden transformar a un individuo en un tipo totalmente **abominable**.

2. La **abominable** arrogancia de Joaquín fue la que lo apartó de sus amigos.

3. Resultó realmente **abominable** el sadismo que mostraron los nazis en sus torturas.

II. afrontar *tr*.

1. Fue la primera vez que me encontré en una situación semejante. En un principio no supe cómo **afrontarla**.

2. ¿Sabes lo que te digo? Hay que **afrontar** las dificultades con calma.

3. El gobierno trató de ocultar el grave peligro que **afrontaba** el país, porque temía que cundiese el pánico entre la población.

III.   contraste *m.*

1. Era francamente escandaloso el **contraste** entre los títulos académicos de los oficiales de la SS y las atrocidades que cometieron.
2. Hay fuerte **contraste** de temperatura fuera y dentro de la casa.
3. Señor ministro, ¿cómo se explica el evidente **contraste** entre la información oficial y lo que han dicho los testigos?

IV.   culto, ta

A. *adj.*

1. Me gusta tratar con gente **culta**, porque puedo aprender muchas cosas de ella.
2. Nos escandalizó que unos señores pretendidamente **cultos** hubiesen podido cometer semejante atrocidad.
3. El ponente utilizó demasiadas palabras **cultas** que muchos del auditorio no entendían.

B. *m.*

1. La gente de aquella tribu rendía **culto** a una deidad con cabeza de ave y cuerpo humano.
2. Si has presenciado una procesión de Semana Santa, entenderás mejor el **culto** católico.
3. Me repugna cualquier manifestación del **culto** a la personalidad.

V.   inspirar

A. *tr.*

1. El médico me dijo: «**Inspire** y mantenga el aire en los pulmones durante un rato».
2. No quiero tener trato con ese sujeto que me **inspira** tanta desconfianza.
3. Algunas personas de la vida real **inspiraron** a la joven escritora para que escribiera esa novela tan peculiar.

B. **inspiración** *f.*

1. Siempre he pretendido ser poeta, pero desgraciadamente nunca he tenido ninguna **inspiración**.
2. Me asombra que a veces el fanatismo ideológico y político también puedan ser fuente de **inspiración** artística.
3. ¿Sabes por qué resulta tan insípido todo lo que escribes? Porque careces de **inspiración**.

VI.   instantáneo, nea

A. *adj.*

1. Tu amigo Patricio es un chico muy agradable; me inspira una simpatía **instantánea**.

2. Las aplicaciones para teléfonos móviles de mensajería **instantánea** han cambiado la sociedad.

B. **instantáneamente** *adv.*

1. Cuando los medios transmitieron la terrible noticia, cundió **instantáneamente** el pánico entre la población.

2. El dispositivo toca la parte exterior del ojo y registra la presión ocular **instantáneamente**.

VII.   mortal

A. *adj.*

1. Todos los seres vivos son **mortales**.

2. Cualquier negligencia que cometas en este trabajo puede ser **mortal**.

3. El médico tranquilizó a los padres: «No se preocupen. La herida de su hija es grave, pero no **mortal**».

4. Los hijos nos reunimos para enterrar los restos **mortales** de nuestra madre junto con los de nuestro padre.

B. *m.*

1. Los **mortales** no podemos evitar cometer errores.

2. Hay personas que, siendo **mortales**, se creen inmortales. Procuran tirarse del pelo para subir al cielo.

3. ¿Qué voy a hacer? Me han encargado una tarea que ningún **mortal** sería capaz de cumplir.

VIII.   perfil *m.*

1. Para identificar y capturar al criminal, la policía necesitaba su retrato robot tanto frontal como de **perfil**.

2. Ese chico, visto de **perfil**, se parece muchísimo a su padre.

3. El gerente de la empresa me pidió un **perfil** muy específico para la vacante.

IX. repugnancia

A. *f.*

1. Cosas feas, sucias, desagradables producen **repugnancia**, por ejemplo, algunos insectos y animales tales como moscas, cucarachas, ratones, etc.

2. Las personas egoístas y viles nos causan **repugnancia**.

3. No sé por qué el tipo ese me inspira tanta **repugnancia** a pesar de su porte elegante y habla culta.

B. **repugnante** *adj.*

1. Yo no comprendía cómo tu amigo podía mentir tanto y ser tan **repugnante**.

2. Al percibir el **repugnante** olor a basura, supimos que el vecino no había tirado la basura en mucho tiempo.

3. Aquel asesinato fue un asunto **repugnante**.

C. **repugnar** *intr.*

1. Me **repugnó** tanto aquel olor pestilente que por poco vomito.

2. ¿No te das cuenta de que tus palabras **repugnan** a todos los presentes?

3. Nos **repugnaba** a todos recordar las atrocidades que se cometieron en la guerra.

X. resultar *intr.*

1. El amable vecino de Teresa **resultó** que había sido un cruel oficial nazi en la guerra.

2. La conferencia que hemos organizado los estudiantes de la facultad **ha resultado** todo un éxito.

3. **Resultó** inimaginable que algunas personas con el título de doctor en el bolsillo fueran genocidas.

4. Creía que te iba bien en el trabajo, pero **resultó** que lo abominas.

XI. término *m.*

1. Al **término** de la Segunda Guerra Mundial, no todos los criminales, tanto del Japón facista como de la Alemania nazi, fueron debidamente escarmentados.

2. Me encargaron de la traducción de un documento lleno de **términos** médicos. Necesito un diccionario especializado para afrontar el trabajo.

3. Escucha, Ernesto, vas a dirigirte a un auditorio formado en su mayoría por personas ajenas a tu especialidad, así es que trata de utilizar lo menos posible **términos** técnicos.

XII.   trayectoria *f.*

1. ¿Cómo se llama la **trayectoria** que traza una bala?

2. Marta es una profesora con una brillante **trayectoria**.

3. Si eres persona emprendedora, irás aprendiendo cada día más cosas durante tu **trayectoria** profesional.

GRAMÁTICA

Repaso de la oración unipersonal

Lea la siguiente oración:

Resulta curioso que Müller y otros como él, gente muy formada, ***pudieran*** meterse así en la práctica genocida, ...

En realidad, es una variante de la oración unipersonal, que mayoritariamente está construida mediante los verbos copulativos *ser* y *estar* seguidos de adjetivos que expresan *posibilidad, necesidad, conjetura, consejo, mandato, prohibición,* así como *valorización, sentimiento, reacción anímica*, entre muchas otras cosas. En todos estos casos, si el verbo subordinado es impersonal, se usa el infinitivo.

1) Es escandaloso ***comportarse*** de esa manera en público.

2) Fue terrorífico ***presenciar*** aquella escena de masacre.

3) Resultó indignante ***tardar*** tanto tiempo en identificar al criminal.

Pero cuando el verbo subordinado lleva sujeto, tiene que estar en subjuntivo dentro de una oración subordinada.

4) ***Es*** escandaloso ***que te comportes*** de esa manera en público.

5) ***Fue*** terrorífico ***que presenciásemos*** aquella escena de masacre.

6) ***Resultó*** indignante ***que la policía tardara*** tanto tiempo en identificar al criminal.

Cuando el adjetivo en la estructura expresa *certeza, veracidad, seguridad* y cosas parecidas, en la oración subordinada se emplea el indicativo.

7) ***Es cierto que*** esta planta transgénica ***puede*** crecer perfectamente en suelo salino.

8) ***Es normal que*** los consumidores ***manifestarán*** cierto recelo respecto a algunos productos agrícolas genéticamente modificados.

9) ***Resultó probado que era*** falso el currículum del postulante.

El verbo *parecer* también puede funcionar como verbo copulativo en este tipo de oraciones.

10) Me ***parece correcto que*** los ciudadanos ***tengan*** derecho de criticar a sus gobernantes.

11) Nos ***pareció justo aplicar*** la ley contra la corrupción del funcionariado.

TAREAS QUE SE EFECTÚAN EN CLASE

13–01

I. **Escuche la grabación y conteste a las siguientes preguntas relacionadas con el contenido del texto.**

II. **Conjugue el infinitivo entre paréntesis en el tiempo verbal correspondiente.**

1. Resultó sorprendente que la imagen que se tenía popularmente de los oficiales nazis no _____ (identificarse) con el perfil que ofrecía en su libro el historiador francés.

2. Me parece inconveniente que los niños _____ (estar) en contacto con una persona tan repugnante.

3. Es realmente escandaloso que _____ (hablar, ellos) de esas cosas obscenas en público.

4. Resultó escalofriante que un supuesto intelectual comprometido _____ (cometer) semejante atrocidad.

5. Es necesario _____ (pedir) un pormenorizado informe sobre la trayectoria profesional del postulante al cargo.

6. Nos pareció inesperado que la empresa _____ (contratar) a ese jurista como asesor.

7. ¿Es cierto que Soledad _____ (publicar) su primera novela?

8. ¿Era verdad que un alto porcentaje de los mandos nazis _____ (tener) doctorados en el bolsillo?

9. Resulta extraño que no _____ (percibir, ellos) el fuerte contraste que presentan las dos hermanas gemelas.

10. Me parece normal que una persona cínica, oportunista e hipócrita _____ (inspirar) una repugnancia instantánea.

III. Traduzca al español las siguientes oraciones.

1. 一个自诩有教养的人说话这么粗俗，你不觉得丢人现眼吗？

2. 真有意思，一位语言学家那时经常参与考古发掘。

3. 确实，无知者总是偏狭固执的，换句话说，就是不能容忍别人的想法和做法跟自己的不一样。

4. 有必要了解一下昨天来求职的那位姑娘的从业经历。

5. 我很遗憾，你考试不及格。

6. 已经充分证明我们的决定是正确的。

7. 简直难以置信，居然有那么多人受到那种乌托邦的吸引。

8. 大庭广众之下的这种行为举止太令人厌恶了。

9. 你对老年人如此傲慢无礼是绝对不能容忍的。

IV. Complete las oraciones con las palabras o sus derivados que se dan a continuación.

> *abominar*　　*afrontar*　　*contraste*　　*culto*　　*inspirar*　　*instantáneo*
>
> *mortal*　　*perfil*　　*repugnar*　　*resultar*　　*término*　　*trayectoria*

1. Nuestra profesora es una persona muy _____, lo que no solo se manifiesta en su erudición, sino también en su comportamiento.

2. Me llamaba mucho la atención el _____ que se observaba entre lo que decía y lo que hacía tu amigo.

3. Era consciente de las dificultades que tenía que _____ al aceptar aquel encargo.

4. Para traducir ese documento me hace falta un diccionario especializado en _____ de medicina.

5. La policía necesitaba fotos del fugitivo tanto frontales como de _____ .

6. Desgraciadamente presencié una escena de brutalidad que provocaba _____.

7. Creo que la hipocresía es una de las cualidades más _____ en una persona.

8. La médica tranquilizó a los familiares y les dijo que no era _____ la enfermedad del abuelo.

9. Dime: "¿De dónde sacas tanta _____ para escribir poemas tan bonitos?"

10. Mi _____ como profesor me ha enriquecido tanto académica como espiritualmente.

11. En un principio la joven actriz no se mostró muy segura en el escenario, pero finalmente _____ muy exitosa su actuación.

12. Al echar aquella sustancia en el recipiente, el líquido cambió de color _____ .

V. Traduzca al español las siguientes oraciones.

1. 第二次世界大战之后，很多纳粹分子因其犯下的种族灭绝罪行而必须面对指控。

2. 埃博拉是高度致命性病毒。

3. 傍晚时分可以看到那条山脉在西边天际呈现出魔幻般的剪影。

4. 开头我还以为你侄女讲的纯粹是她自己的胡思乱想，结果居然全是真的。

5. 那条消息使得恐慌立即在居民中蔓延开来。

6. 用力抛出的物件会在空中画出一条抛物线，最后落在远处。

7. 尽管自称厌恶残暴行为，但很大一部分纳粹军官从未终止令人毛骨悚然的罪行。

8. 你不觉得这种反差令人义愤填膺吗？一小撮人过着纸醉金迷的生活，而大部分人则身陷赤贫之中。

9. 我小心翼翼地咬了一口那个怪怪的水果，一股恶心的滋味叫我马上把它吐了出来。

10. 我妹夫经常阅读优秀文学作品，所以他无论口头还是笔头用词都非常文雅。

11. 接近学期末了，可以看出老师也好学生也好都显得十分放松。

12. 那个不起眼的事件启发年轻女作家构思出厚厚一本小说。

VI. Lea el texto y marque con √ la opción entre paréntesis que consideres correcta.

La ira (por; contra) las élites ha llevado a la democracia al borde del abismo. Esta es la conclusión a la que (lleva; llega) Michael J. Sandel en su muy esperado libro *La tiranía del mérito*. Filósofo del derecho y profesor en Harvard, Sandel (goza de; disfruta) reputación internacional como uno de los más agudos analistas de la sociología política. En esta última obra (suyo; suya) explica las razones (del; por el) ascenso del populismo, la quiebra de la política liberal y la amenaza autoritaria, (cuestiones; preguntas) que vienen siendo debatidas en los (campos cultos; ambientes intelectuales) (durante; desde) hace décadas. Su originalidad reside en que, (sobre; entre) los culpables de la penosa situación (por; Ø) la que atraviesa el mundo, señala directamente a la cultura de la meritocracia que se practica en las sociedades desarrolladas.

(Por; En) su opinión, fenómenos como la victoria del Brexit en el Reino Unido o la elección de Trump (en; para) la presidencia americana se deben no solo a las evidentes (desigualdades; deficiencias) económicas que se han profundizado en nuestras sociedades. Los agravios son también morales y culturales, y (afectan a; ejercen influencias en) la estima social de las gentes, que los populistas prometen restaurar. Las élites dominantes, encarnación del poder político, económico y cultural, están ahora alarmadas (por; de) las tendencias autoritarias que el populismo promueve, pero no (se conocen; se reconocen) a sí mismas como causantes del resentimiento social que ha desembocado (en; Ø) la actual confrontación.

(Extracto de *Rebelión contra las élites*, Juan Luis Cebrián, *El País*, 23 de enero de 2021)

VII. Lea el texto y complételo con las opciones que se dan al final.

El 15 de enero de 1954, Salvador de Madariaga, que había sido embajador en Washington de la República española, publicó un artículo en el primer número de la revista *Ibérica* para difundir los valores de la España democrática. _____: " Hoy todos los españoles son desterrados. Antes de 1936, todos los españoles vivían en España y en libertad. Hoy, unos cientos de miles viven en libertad desterrados de España; _____ ".

La mayoría de los exiliados que llegó a Estados Unidos después del final de la Guerra Civil lo hizo de la mano de universidades norteamericanas. _____. Por el contrario, su proyección no resultó tan relevante durante la dictadura, ya que no contaron con el arropamiento de los centros políticos del exilio como México, Toulouse o Moscú. Al llegar la Transición, muchos de ellos tuvieron que esperar años hasta lograr el reconocimiento que merecían.

La nómina de aquella generación que vivió y trabajó durante décadas en Estados Unidos, resulta impresionante, desde historiadores como Américo Castro hasta novelistas como Francisco Ayala. Sin embargo, _____. "Representó un exilio menos novelesco", comenta Antonio Muñoz Molina. "Se integraron y, a veces, desaparecieron en un ambiente universitario como el norteamericano, muy aislado, poco abierto a la sociedad, como ocurre en Europa o en América Latina. Vivieron en su mundo y algunos resultaron incluso incómodos porque, desde su absoluto compromiso con la República, mostraron lucidez sobre una larga pervivencia del franquismo. También es destacable que, a pesar de que muchos exiliados vivieron largo tiempo en EE UU, nunca llegaron a dominar el inglés, _____. De cualquier modo, a partir de los departamentos de español, escritores como Salinas, Cernuda, Guillén ejercieron una notable influencia sobre una generación de profesores norteamericanos que impartieron lengua y literatura españolas".

(Extracto de *El exilio más ilustrado*, Miguel Ángel Villena, *El País*, 4 de abril de 2009)

a. fueron bastante impermeables a la lengua de acogida

b. la aureola que rodeó a otros exiliados no acompañó a los españoles *yanquis* a su regreso a España

c. Resumía el estado de ánimo de todos los exiliados

d. Su destierro fue agridulce, quizá menos terrible que el de muchos de los emigrantes a México o Francia

e. y el resto vive en España desterrado de la libertad

13–02

VIII. Escuche la grabación y haga un resumen oral.

IX. Tema de debate.

¿Qué opina del contraste que se observa entre las atrocidades que cometieron un alto porcentaje de los mandos nazis y su elevado nivel cultural?

UNIDAD 14
第十四课

¡Cómo cambia el mundo!

(Fragmento adaptado de *Homo Deus, breve historia del mañana*, Yuval Noah Harari, pp.167-171, traducido por Joandomenec Ros, DEBATE, Barcelona, 2016)

Fue el año 1187, un joven noble inglés llamado John decidió ir a Tierra Santa a luchar contra infieles musulmanes. Creía que, si moría en la Cruzada, su alma ascendería al cielo, donde gozaría de una dicha celestial eterna. Tenía una fe sólida en todo esto. Desde que era niño, había oído los relatos del abuelo Henry, que murió en la segunda cruzada y que desde entonces estaba sentado con los ángeles en el cielo, velando por John y su familia. De modo que tomó la decisión cuando un caballero desaliñado cabalgó hasta la verja del castillo suyo y con voz ahogada anunció la noticia: "¡Saladino ha destruido al ejército cruzado en Hattin! ¡Jerusalén ha caído! ¡El Papa ha declarado una nueva cruzada y ha prometido la salvación eterna a quien muera en ella!".

A la hora de la partida, su madre lo abrazó fuertemente, enjugándose las lágrimas y le dijo lo orgullosa que estaba de él. Su padre le dio una fuerte palmada en la espalda y le dijo: "Si tuviera tu edad, hijo, me sumaría a ti. El honor de nuestra familia está en juego ¡Estoy seguro de que no nos decepcionarás!".

Cuando abandonó el castillo, los aldeanos salieron de sus chozas para despedirle, y todas las chicas bonitas miraron anhelantes al valiente cruzado que se iba a luchar contra los infieles.

Cuando el ejército desembarcó finalmente en Tierra Santa y entabló batalla con las huestes de Saladino, John quedó asombrado al descubrir que incluso los malvados sarracenos compartían sus creencias. Para ellos, los cristianos eran los infieles y que los musulmanes obedecían la voluntad de Dios. Pero también aceptaban el principio básico de que los que lucharan por Dios y Jerusalén irían directamente al cielo cuando murieran.

Y los años pasaban. Los padres de John murieron, y después todos sus hermanos y amigos. En lugar de trovadores dedicados a cantar las cruzadas, la nueva moda era obras de teatro sobre trágicas aventuras amorosas. El sacerdote ya no le rendía culto al Papa: ahora se refería a él como aquel demonio de Roma. En una universidad cercana, los estudiosos leían atentamente antiguos manuscritos griegos, diseccionaban cadáveres y susurraban en voz baja y a puerta cerrada que quizá eso que llamábamos alma no existiera.

Y los años siguen pasando. Donde antaño se erguía el castillo, ahora hay un centro comercial. En una iglesia vacía, un aburrido vicario se alegra sobremanera al ver a dos turistas japoneses. Les explica con detalle el significado de los vitrales de las ventanas mientras ellos sonríen educadamente y asienten sin entender nada en absoluto. En las escalinatas exteriores, una pandilla de adolescentes juega con sus iPhone. Un barrendero paquistaní barre las aceras mientras una radio cercana retransmite las noticias: las matanzas de Siria continúan, y la reunión del Consejo de Seguridad ha acabado en un punto muerto. De pronto se abre un agujero en el tiempo y un misterioso rayo de luz ilumina la cara de uno de los adolescentes, que anuncia: "¡Voy a luchar contra los infieles y a liberar Tierra Santa!".

¿Infieles y Tierra Santa? Estas palabras ya no tienen ningún sentido para la mayoría de la gente en la Inglaterra de hoy en día. Incluso el vicario probablemente pensaría que el adolescente padece algún tipo de alteración psicótica. En cambio, si un joven inglés decidiera viajar hasta Siria para proteger los derechos humanos de los refugiados, sería considerado un héroe. En la Edad Media, la gente pensaría que se habría vuelto majareta. Nadie en la Inglaterra del siglo XII sabía qué eran los derechos humanos. ¿Quieres viajar a Oriente Medio y arriesgar tu vida, no para matar musulmanes, sino para proteger a un grupo de musulmanes de otro? Tienes que haberte vuelto loco.

TEXTO B

Así es como se desarrolla la historia. La gente teje una red de sentido, cree en ella con todo su corazón, pero más pronto o más tarde la red se desenmaraña, y cuando miramos atrás, no podemos entender cómo la gente pudo haberla tomado en serio. En retrospectiva, ir a las cruzadas con la esperanza de alcanzar el paraíso parece una locura total. En retrospectiva, la Guerra Fría parece una locura todavía mayor. ¿Cómo es posible que hace treinta años la gente estuviera dispuesta a arriesgarse a sufrir un holocausto nuclear por creer en un paraíso irrealizable? Dentro de cien años, nuestra creencia en la democracia y en los derechos humanos quizá les parezca igualmente incomprensible a nuestros descendientes.

En fin, hay valores universales, relativos, objetivos y subjetivos. Los universales son los que se refieren al respeto a la vida humana y a la integridad personal. Son compartidos por distintas culturas y se transmiten a través de la educación escolar y familiar. Los relativos son aquellos que pueden perder su carácter absoluto, dependiendo de las personas, grupos o sociedades que lo sostengan. Las diferencias entre las personas no están en el color, el sexo ni la posición social sino en los valores constitutivos de cada uno de ellos.

TAREAS QUE DEBE EFECTUAR EL ALUMNADO ANTES DE LA CLASE

I. **Consulte el diccionario español—español (o uno bilingüe en caso estrictamente necesario) para informarse de la acepción en que se usan en el texto los siguientes vocablos o grupos léxicos polisémicos y decir luego lo que significan en chino.**

infiel	Cruzada	dicha
celestial	fe	velar
desaliñado, da	verja	Saladino
enjugar	Salvación eterna	sumarse
estar en juego	Tierra Santa	entablar
hueste	sarraceno, na	diseccionar
erguir	enésimo, ma	vicario
sobremanera	vitral	asentir
barrendero, ra	psicótico, ca	majareta
desenmarañar	retrospectiva	holocausto

II. **Explique qué realidad social se refleja en las siguientes oraciones.**

1. El sacerdote ya no le rendía culto al Papa: ahora se refería a él como aquel demonio de Roma.

2. En una universidad cercana, los estudiosos leían atentamente antiguos manuscritos griegos, diseccionaban cadáveres y susurraban en voz baja y a puerta cerrada que quizá eso que llamábamos alma no existiera.

3. Un barrendero paquistaní barre las aceras.

III. **Investigue los siguientes nombres propios: Jerusalén, Consejo de Seguridad, Oriente Medio, Guerra Fría, Edad Media.**

EJEMPLOS CON ALGUNOS VOCABLOS Y EXPRESIONES USUALES

I. **ahogar(se)**

A. *tr.*

1. ¡Eh chico! Saca de inmediato al perrito de la bañera. Lo puedes **ahogar**.

2. El alboroto que se armó en el pasillo **ahogó** la voz del profesor.

3. Las autoridades trataron de **ahogar** las protestas.

B. *prnl.*

1. No basta con saber nadar para evitar **ahogarse**.

2. Al oír el grito de socorro, un joven se lanzó al lago para rescatar a la niña que **estaba ahogándose**.

3. Debido a la pandemia, **se ahogó** la mínima esperanza de recuperación económica.

II. ascender *intr.*

1. ¿Qué pájaro es ese que **asciende** y desciende alternativamente por el aire?

2. Los pasajeros sintieron un temblor inquietante mientras el avión **iba ascendiendo**.

3. Si los precios **siguen ascendiendo** de esta manera, el descontento cundirá entre la población.

4. Todo el personal de la oficina se escandalizó al enterarse de la decisión de **ascender** a director a un tipo incompetente y carente de escrúpulos.

III. asentir *intr.*

1. El entrenador **asintió** a la petición de Renato de incorporarse al equipo de fútbol.

2. Julieta **asintió** con la cabeza cuando Romeo le pidió su mano.

3. No dejaba de **asentir** con la cabeza mientras escuchaba: estaba de acuerdo en todo.

IV. decepcionar(se)

A. *tr.*

1. Susana, tus padres tienen todas sus esperanzas puestas en ti. No deberías **decepcionarlos**.

2. Siempre te he considerado una persona noble, pero me **has decepcionado** por lo que andas haciendo últimamente.

B. *prnl.*

1. La profesora **se decepcionó** mucho por el resultado de aquel examen.

2. Francamente **me siento decepcionado** por tu comportamiento.

V. en absoluto *loc. adv.*

1. —¿Tienes fe en lo que acaba de prometerte Ignacio?

   —**En absoluto**, no me creo una palabra de lo que dice.

2. Es curioso: Raquel no tiene **en absoluto** intención de renunciar a sus sueños, a pesar de las dificultades.

3. La reunión de ayer no fue en absoluto buena idea: la discusión sobre el problema acabó en punto muerto.

VI. enjugar(se)

A. *tr.*

1. Por descuido volqué el vaso y el agua comenzó a derramarse por la mesa. Me apresuré a **enjugarla** con un trapo.

2. La niña lloraba por el dolor. Su madre le **enjugó** las lágrimas y la abrazó para consolarla.

B. *prnl.*

1. De lejos vi que mi abuelo trabajaba agachado en el campo y se enderezaba de vez en cuando para **enjugarse** el sudor con la manga de la camisa.

2. Ya advertimos que estos déficits públicos no **se podrían enjugar** sino con nuevos préstamos.

VII. en serio *loc. adv.*

1. Hazme caso. Te lo digo muy **en serio**: no te metas en ese asunto.

2. Algunos expertos ya habían advertido del peligro del nuevo virus, pero ni las autoridades ni la población se lo tomaron **en serio**. Ahora, que se atengan a las consecuencias.

3. Desde entonces me puse a trabajar **en serio** para no decepcionar ni a mi profesora ni a mis padres.

VIII. iluminar(se)

A. *tr.*

1. Lo primero que hago al levantarme por la mañana es descorrer la cortina para que la luz solar **ilumine** alegremente mi dormitorio.

2. ¿Sabes con qué **iluminaban** su caverna los hombres primitivos?

B. *prnl.*

1. Ese enorme salón **se ilumina** con un sistema de alta tecnología.

2. Al oír la buena noticia a todos **se nos iluminó** el rostro.

IX. liberar(se)

A. *tr.*

1. Para estar en calma, hay que **liberar** la mente de problemas y tareas.

2. Los presos **liberados** por Don Quijote, en lugar de agradecerlo, le robaron y golpearon salvajemente.

B. *prnl.*

1. Gonzalo lanzó un suspiro de alivio, una vez **liberado** de las obligaciones de su cargo de burócrata.

2. Le costó muchísimo **liberarse** de la sensación de culpabilidad.

X.　rendir(se)

A. *tr.*

1. Los protestantes no **rinden** culto a Dios bajo la autoridad del Papa.

2. Esa tierra empobrecida por la erosión ya no **rinde** como antes.

B. *prnl.*

1. Ya, ya, no quiero seguir discutiendo contigo. ¡**Me rindo**!

2. Tras un día de duro trabajo, todos llegamos a casa totalmente **rendidos**.

XI.　sentido *m*.

1. Los cinco **sentidos** de los seres vivos son: la vista, el oído, el olfato, el gusto y el tacto.

2. Lo que acabas de decir no tiene ningún **sentido**. Deja de soltar disparates.

3. Los humanos son los únicos seres que tratan de encontrar algún **sentido** a su existencia.

4. ¡Ten cuidado con él! Le encanta la ironía y jugar con el doble **sentido** de las palabras: aunque dice una cosa, da a entender lo contrario.

5. Esta calle es de un solo **sentido** para los coches: únicamente se puede entrar por un extremo.

XII.　velar

A. *tr.*

1. Anoche me quedé en el hospital **velando** a la abuela.

2. Lafamilia reap **veló** a la reina difunta en la intimidad.

B. *intr.*

1. En aquel momento de tanto riesgo, fue Joaquín quien asumió la responsabilidad de **velar** por nuestra seguridad.

2. ¿Acaso hay padres que no **velen** por el bienestar de sus hijos?

3. Luis **llevaba velando** una semana para terminar su tesis de grado.

GRAMÁTICA

Repaso de los usos del condicional simple

1. Expresa acciones del futuro del pasado.

1) *Creía* que, si moría en la cruzada, su alma *ascendería* al cielo, donde *gozaría* de una dicha celestial eterna.

2) ... también ellos aceptaban el principio básico de que los que *luchaban* por Dios y Jerusalén *irían* directamente al cielo cuando *murieran*.

2. Expresa probabilidad en el pasado.

3) Al oír lo que dice ese joven que quiere ir a Siria a proteger los derechos humanos de los refugiados, la gente medieval *pensaría* que se habría vuelto majareta

4) *Serían* las dos de madrugada cuando *llegaste* a casa aquel día.

3. Expresa consecuencia imposible o poco posible en la apódosis.

5) ... si un joven inglés contemporáneo *decidiera* viajar hasta Siria para proteger los derechos humanos de los refugiados, *sería* considerado un héroe.

6) Si *me pusiese* dos alas, ¿*ascendería* al cielo?

4. Expresa conjetura en el presente.

7) ¿Infieles y Tierra Santa? Estas palabras ya no tienen ningún sentido para la mayoría de la gente en la Inglaterra de hoy en día. Incluso el vicario probablemente *pensaría* que el adolescente padece algún tipo de alteración psicótica.

8) ¿Por qué hay tanta gente en el centro comercial? ¿*Habría* rebaja o promoción?

5. Expresa mandato, rechazo, crítica, etc. con tono suavizado.

9) No *deberías* decepcionar a tu mejor amigo.

10) Te *acompañaría* con mucho gusto, pero...

TAREAS QUE SE EFECTÚAN EN CLASE

14–01

I. Escuche la grabación y conteste a las siguientes preguntas relacionadas con el contenido del texto.

II. Parafrasee las siguientes oraciones del texto.

1. Si tuviera tu edad, hijo, me sumaría a ti.

_____

2. El honor de nuestra familia está en juego.

_____

3. ... todas las chicas bonitas miraron anhelantes al valiente cruzado...

_____

4. ... los malvados sarracenos compartían sus creencias.

_____

5. ... la gente pensaría que se habría vuelto majareta.

_____

6. La gente teje una red de sentido, cree en ella con todo su corazón, pero más pronto o más tarde la red se desenmaraña...

III. Ponga el infinitivo entre paréntesis en el tiempo y persona correspondientes.

1. Me prometiste la semana pasada que me _____ (entregar) la tesis, pero todavía no la he recibido.

2. En la Edad Media, muchos jóvenes nobles europeos estaban convencidos de que, si moría en la cruzada, _____ (ascender) al cielo donde _____ (gozar) una felicidad eterna al lado de Dios.

3. Si hubieses tomado una decisión acertada a tiempo, no _____ (estar) lamentándote en este momento.

4. ¿Podemos abrir un poco la ventana para que corra el aire? Es que siguiendo encerrados en esta habitación con tanto humo de tabaco, _____ (ahogarse, nosotros).

5. Sinceramente, _____ (deber) usted sumarse a nuestro proyecto.

6. ¿Cómo _____ (ser) la vida de John en la Inglaterra actual?

7. Luisa prometió a su abuela que _____ (enjugar) las vajillas antes de guardarlas.

8. Las oportunidades no caen del cielo: yo en tu lugar no _____ (esperar) sentado, _____ (salir) a buscarlas.

9. Urrutia _____ (decepcionarse) si te viese tan indolente para todo.

10. Yo que tú, no _____ (preocuparse). Seguro que encontraremos una solución.

IV. Traduzca al español las siguientes oraciones.

1. 除了我父母，还有谁能照顾我呢？
2. 听了你说的情况，我确实应当认真对待那件事。
3. 我们看到一个闪闪发光的东西升上天空时，大概是夜里 12 点。
4. 对于我来说，假如不工作，生活就失去了意义。
5. 诸位没有必要为这么一件区区小事灰心丧气。
6. Dania 当时想，一旦从繁忙的工作中解放出来就去周游世界。
7. 身处这么冷漠的环境，谁都会憋屈的。
8. 当时，大家都以为谈判最终会陷入僵局，因为双方都不准备让步。
9. 假如你去过那个国家，就应该知道那里的人并不用点头表示同意。
10. 第二次世界大战中，柏林是在盟军到达后才被解放的。
11. 那块地已经被过度开发，产能不可能再提高了。

V.　Complete las oraciones con las siguientes expresiones en formas adecuadas.

> *ahogar*　*ascender*　*asentir*　*decepcionar*　*en absoluto*　*velar*
> *en serio*　*enjugar*　*iluminar*　*liberar*　*rendir*　*sentido*

1.　¡Vaya lío! No te va a ser fácil _____ desenmarañar todo el hilo.

2.　¿Cómo es posible que un nadador tan excelente como él _____ en la piscina?

3.　Hubo un cortocircuito y se apagaron todas las luces. Tuve que sacar una linterna para _____ y ver qué había ocurrido.

4.　En retrospectiva, _____ culto a una figurita de madera o barro nos parece ridículo. ¿Pero qué hay del culto a la personalidad? ¡Eso sí que no cambia con el tiempo!

5.　Anda, deja de jugar y arréglate antes de salir. _____ el sudor y cámbiate de ropa, estás hecho un desastre.

6.　¿No te has enterado? A Marta la _____ al puesto de rectora gracias a sus méritos.

7.　¿Cómo se te ha ocurrido encerrar al gatito en una jaula tan estrecha? _____ (lo).

8.　Mira a tu madre, Jorgito: se ha enfado _____ contigo.

9.　¿En qué _____ se usa la palabra *tratar* en esta oración?

10.　La niña se durmió tranquilamente, creyendo que tenía al lado un ángel que _____ por ella.

11.　Profesora, confíe en mí. No la _____ nunca jamás.

12.　Mientras me escuchaban, mis padres _____ sonriendo.

13.　El avión estaba _____ cuando, de repente, se oyó un ruido raro en la cabina.

14.　El demagogo soltó un montón de palabrería sin _____ alguno.

15.　¿Todavía no ves quién está _____ por tu seguridad?

16.　A los padres se les _____ el rostro al saber que su hija había recibido un premio.

17.　La voz del alcalde _____ en medio del griterío de protesta de la multitud.

18.　Te lo digo _____: me siento de veras _____ con lo que has hecho.

VI.　Rellene los espacios en blanco con preposiciones o formas contractas de artículo y preposiciones, donde sea necesario.

La comunidad china es _____ cuarta _____ mayor presencia en España, _____ 207.593 ciudadanos registrados, _____ _____ datos de 2017 del Instituto Nacional de Estadística (INE). _____ primeros son los marroquíes, seguidos _____ rumanos y británicos. "La primera generación _____ migrantes chinos hizo lo mejor que pudo", explica la periodista Susana Ye, nacida en Alicante de _____ padres chinos. "No se integraron bien porque tenían que cubrir

_____ necesidades básicas y trabajar muchísimo _____ darnos _____ futuro a nosotros",
analiza.

Esa imagen de _____ asiáticos como _____ grupo "gigante, raro y homogéneo" es la
que la joven periodista ha tratado _____ revocar a través de _____ documental que ahonda
en la realidad de los hijos de _____ migrantes que llegaron a la península ibérica _____
_____ gigante asiático _____ los ochenta y noventa. "*Chiñoles y bananas* define esa
dualidad de ser amarillos _____ fuera y blancos _____ dentro", explica Ye. _____ doble
identidad que, en muchos casos, les genera _____ conflicto tanto _____ (ellos) mismos y sus
familias como _____ la sociedad. "Cuando me miraba _____ espejo _____ niña, me veía
como todo el mundo", ejemplifica Ye.

Uno de los grandes rumores asociados _____ la población china tiene que ver _____ el
mercado laboral y la cantidad de horas que trabajan. _____ frenar _____ bulos, la asociación
Andalucía Acoge lanzó una campaña en 2014 que desmontaba la falsa creencia popular _____
que los ciudadanos chinos no pagan _____ impuestos e incumplían _____ horario laboral.

Otro de los estereotipos _____ _____ que se enfrenta la comunidad asiática es el que
asocia a las mujeres chinas _____ la sumisión. "Todavía se sigue pensando que somos dulces
y sumisas", dice Susana Ye. Y continúa: "_____ mi caso no es cierto porque tengo mucho
carácter".

_____ el crecimiento económico de China y el surgimiento de _____ clase media _____
_____ mayor poder adquisitivo, _____ percepción europea de los chinos está cambiando.
Susana Ye apunta que eso se debe _____ interés comercial que despierta el país de sus padres. "Es
hora de que nos dejen _____ ver como _____ una masa uniforme y nos empiecen a ver como
individuos".

(Fragmento de *"Chiñol": el dilema de ser chino y nacer en España*,

Sara Rosati, *El País*, 29 de diciembre de 2017)

VII. Conjugue los infinitivos que están entre paréntesis en el tiempo y la persona correspondientes, o en formas no personales.

Vale, pues aquí estoy. Sé que prometí escribirte todos los días y ayer ya _____ (faltar,
yo) a la cita, pero tengo la excusa perfecta porque cuando te _____ (contar) el motivo,
_____ (acabar) _____ (darte) la razón. Y bueno, ya sabes. Nada te gusta más que
darte la razón.

Te va a encantar. Resulta que he perdido la maleta.

O más que perdido, ahora tengo una maleta idéntica a la que _____ (traerse, yo) a
este viaje, pero de otra persona. Vamos, que cogí su maleta por error, y _____ (suponer)
que esa otra persona cogió la mía cuando bajamos del avión. Dos maletas idénticas, ¿qué te

parece? Como en esas películas de espías que tanto te _____ (gustar).

Ahora llega la parte en la que tengo que darte la razón, porque si te _____ (hacer) caso cuando me la _____ (regalar, tú) y la _____ (marcar) con un lacito o una pegatina o cualquier otra cosa, es probable que ahora no _____ (estar) _____ (contarte) este drama. Pero espero que no _____ (escapársele) la ironía: si he viajado con esa maleta es porque es la que me regalaste cuando te presté la mía, la que me rompiste —perdón, ¡la que te _____ (romper, impersonal)!— en aquel viaje a Lisboa. Entiendes lo que quiero decir, ¿no? Si no me _____ (romper, tú) aquella maleta —perdón, ¡si no te la _____ (romper, impersonal)!— ayer _____ (poder) viajar con ella, y ahora, seguramente, la _____ (tener) aquí conmigo. Viajé suficientes veces con esa otra maleta como para no _____ (confundirla), con lacito o sin él.

El caso es que aquí me tienes, en casa de Maribel, con la misma ropa con la que viajé ayer y _____ (pensar) que, de todas las formas en las que _____ (poder) haber comenzado estas vacaciones, quizás esta no _____ (ser) la mejor.

Si no te escribí ayer fue porque no _____ (estar) de humor, la verdad. _____ (Llegar) muy _____ (cansarse) y no me di cuenta del error hasta que _____ (entrar) por la puerta, y luego, cuando _____ (llamar) a la aerolínea para avisar, lo único que _____ (conseguir) _____ (ser) un "de acuerdo, tomamos nota, ya le _____ (llamar, nosotros)".

Y sí, por supuesto. Me puedo imaginar lo que _____ (estar, tú) _____ (pensar). A curiosa no me _____ (ganar) nadie, ya lo sabes. Sí, _____ (abrir, yo) la maleta que tengo aquí ahora. Fue en ese momento cuando vi que no _____ (ser) la mía, ¿y sabes qué? Dentro solo hay periódicos. Nada más, solo eso. Un montón de periódicos antiguos. ¿Quién _____ (irse) de vacaciones con una maleta llena de periódicos?

En fin. Por lo menos, lectura no me _____ (faltar).

Te escribo mañana. Prometido.

(Fragmento de *Una maleta equivocada*, Manuel Bartual, *El País*, 1 de agosto de 2021)

14–02

VIII. Escuche la grabación y haga un resumen oral.

IX. Temas de debate.

1. ¿Por qué no puede haber sistemas de valores universales y eternos?
2. Cite casos, según su propia experiencia, de cambios de hábitos y de mentalidad que ha observado en su entorno.

UNIDAD
第十五课
15

1 FUNCIÓN COMUNICATIVA

2 EJEMPLOS CON ALGUNOS VOCABLOS Y EXPRESIONES USUALES

multiplicar; público, ca; confiar; comunicar; pretender; fortalecer; aceptar; negar; personal; interpretar; trato, tratamiento; crítico, ca

3 GRAMÁTICA

- Artículo neutro *lo*

TEXTO A

Tiempos de sinrazón

(Adaptación del artículo del mismo título, Antonio Muñoz Molina, *El país*, 20 de noviembre de 2021)

Cuanto más rico y profundo es el conocimiento parece que se vuelve más contumaz la ignorancia. Nunca como ahora ha sido más accesible el saber, y nunca la ciencia y la tecnología han sido tan eficaces a la hora de investigar la naturaleza de un virus letal y de idear vacunas y tratamientos contra él: pero da la impresión de que cuanto mayores son los avances, mayor es también el efecto reactivo del oscurantismo. En Estados Unidos, y sobre todo en el sur, con su religiosidad bíblica y apocalíptica, la compra de armas de fuego se multiplicó durante la pandemia. Llevar pistola debe de ser una medida sanitaria más eficaz que ponerse una mascarilla. En Europa, el negacionismo de las vacunas nos hace vulnerables de nuevo, y en muchos de los responsables científicos y de salud pública se nota un desaliento que les agrava la extenuación de una lucha ya tan larga: es el desaliento ante esa propensión incorregible de muchas mentes humanas a no aceptar los datos de la realidad y a no ejercitar el raciocinio, a no ver lo que se tiene delante de los ojos, a recelar de las personas dotadas de conocimiento y credenciales contrastadas y entregar al mismo tiempo su confianza a estafadores, brujos, echadores de cartas. En otras épocas la miseria y el atraso hacían tal vez inevitable la primacía de la superstición. Cuando no se sabe nada de las leyes de la naturaleza y se carece de defensas contra las enfermedades y las catástrofes, cualquiera puede creer en el mal de ojo y confiar en conjuros y milagros. Pero, ahora, al menos en nuestra parte del mundo, la educación vuelve accesibles los conocimientos fundamentales a la inmensa mayoría, y casi en cada momento de la vida cotidiana puede comprobarse la fiabilidad de los saberes científicos y de las tecnologías que se derivan de ellos.

Lo peor no es que el oscurantismo niegue la ciencia y la racionalidad: es que las vuelve a su servicio. Hace ya muchos años, antes de los tiempos de internet, leí que los cosmonautas rusos que pasaban meses en la estación espacial no solo se comunicaban con sus familiares, sino sobre todo con sus astrólogos personales. Hacían compatibles la astrofísica y la astrología, del igual modo que varios siglos antes Isaac Newton había seguido practicando la alquimia al mismo tiempo que dilucidaba algunas leyes fundamentales de la física.

Cuando irrumpió internet, los profesionales del optimismo tecnológico auguraron que se abría una nueva época como de ilustración universal, libre ya de la presunta tiranía de los poseedores tradicionales del saber, así como de la necesidad de cualquier esfuerzo, aprendizaje o disciplina, porque gracias a internet, los profesores ya eran superfluos, ya que lo que ellos pretendían enseñar o era inútil o los estudiantes, nativos digitales, ya lo aprendían por su cuenta, cuando cualquier información que uno necesite la tiene al alcance de un clic en la Red.

Durante la pandemia hemos descubierto, por si no lo sabíamos, el valor de la sanidad pública. Pero igual de decisivo es el de la instrucción pública, porque estamos viendo que el oscurantismo causa contagios y muertos, y nos vuelve tan vulnerables al virus de la Covid como a la demagogia y la irracionalidad, que son los equivalentes políticos del esoterismo y de las pseudociencias. Se vota a demagogos populistas por la misma depravada confusión mental por la que se acude a un astrólogo, buscando remedios mágicos a problemas reales. La mente humana es tan propensa a la sinrazón que es preciso fortalecerla sin reposo con la disciplina del sentido común y del conocimiento, con los anticuerpos de la libertad de espíritu agudizada por el continuo aprendizaje de lo racional y lo real.

TEXTO B

La civilización del estupor
(Fragmento del artículo del mismo título, Rosa Montero)

El último informe PISA nos ha dejado bastante atribulados, y con razón, por el hecho de que los alumnos españoles hayan empeorado sus resultados en ciencias y matemática. Pero creo que no le hemos prestado suficiente atención a otro dato del informe que me parece espeluznante: sólo el 8,7% de los chavales de la muestra total, es decir, menos de 1 de cada 10 es capaz de diferenciar entre lo que es un dato y lo que es una opinión.

Recordemos aquí, para agobiarnos un poco más, que PISA ha evaluado a 600.000 estudiantes de 15 años procedentes de 79 países, lo que significa que a casi 550.000 de esos adolescentes, tiernos brotes del futuro, les parece lo mismo e igual de creíble decir que en 2018 murieron 47 mujeres en España asesinadas por sus parejas o exparejas, que sostener que muchas de las denuncias por malos tratos son mentiras inventadas por féminas perversas.

Puede que una buena parte de esos estudiantes se crean mayores y muy listos, pero lo cierto es que son incapaces de interpretar y valorar la información más básica. Van ciegos y perdidos bajo el diluvio de datos en el que vivimos, un guirigay gritón y confuso que aturde al más templado y que puede desarbolar a quienes están tan mal preparados como ellos. Eso sí que es un fracaso educativo. Un fracaso que se veía venir, porque estamos hablando de los quinceañeros, pero hay muchos adultos con la cabeza igualmente llena de serrín. No sólo debería crearse una nueva asignatura en los colegios que enseñara a los niños a discriminar las falsedades, a desarrollar espíritu crítico y moverse por la selva de *fake news*, sino que también habría que poner clases nocturnas de repesca para mayores.

TAREAS QUE DEBE EFECTUAR EL ALUMNADO ANTES DE LA CLASE

I. **Consulte el diccionario español—español (o uno bilingüe en caso estrictamente necesario) para informarse de la acepción en que se usan en el texto los siguientes vocablos o grupos léxicos polisémicos y decir luego lo que significan en chino.**

contumaz	letal	reactivo, va
oscurantismo	apocalíptico, ca	pandemia
mascarilla	negacionismo	vulnerable
desaliento	extenuación	propensión
raciocinio	recelar	credencial
contrastado, da	mal de ojo	conjuro
fiabilidad	astrólogo, ga	astrofísica
astrología	dilucidar	augurar
superfluo, a	esoterismo	pseudociencia
populista	depravado, da	propenso, sa
agudizado, da	atribulado, da	espeluznante
fémina	perverso, sa	guirigay
aturdir	desarbolar	serrín
bulo	repesca	

II. **Indique a qué se refieren las partes en cursiva y negrilla, y en caso del verbo, cuál es el sujeto.**

1. ... y nunca la ciencia y la tecnología han sido tan eficaces a la hora de investigar la naturaleza de un virus letal y de idear vacunas y tratamientos contra *él*...

    él:

2. ... casi en cada momento de la vida cotidiana puede ***comprobarse*** la fiabilidad de los saberes científicos y de las tecnologías que se derivan de ***ellos***.

    comprobarse:

    ellos:

3. ... es que ***las vuelve*** a *su* servicio.

    las:

vuelve:

su:

4. Durante la pandemia hemos descubierto, por si no *lo* sabíamos, el valor de la sanidad pública.

lo:

5. La mente humana es tan propensa a la sinrazón que *es* preciso fortalecer*la* sin reposo con la disciplina del sentido común y del conocimiento...

es:

la:

6. ... les *parece* lo mismo e igual de creíble decir que en 2018 murieron 47 mujeres en España asesinadas por sus parejas o exparejas...

parece:

7. *Eso* sí que es un fracaso educativo.

Eso:

III. Marque dos o tres oraciones de cada texto en que cree que se expresan los criterios más importantes de los autores y explique por qué.

EJEMPLOS CON ALGUNOS VOCABLOS Y EXPRESIONES USUALES

I. multiplicar

A. *tr.*

   1. Si **multiplicas** 5 por 8, el resultado es 40.

   2. **Multiplicaremos** la productividad por tres valiéndonos de la innovación tecnológica.

B. *prnl.*

   1. Se decía que el número de accidentes de tráfico **se había multiplicado** por mal tiempo.

   2. Si el virus penetrara en el cuerpo por la boca, **se multiplicaría** en el intestino.

II. público, ca

A. *adj.*

   1. El alcalde pidió disculpa por lo ocurrido en una comparecencia **pública**.

   2. La gente usará menos coches particulares si es bueno el servicio del medio de

transporte **público**.

   3. En muchos países, la electricidad y la energía se gestionaban por empresas **públicas**.

   4. Los personajes **públicos** deberían asumir mucha responsabilidad social.

B. *m.*

   1. El equipo de fútbol recibió grandes ovaciones del **público** cuando jugaba en casa.

   2. El moderador levantó la mano pidiendo silencio al **público**.

C. **en público**

   1. Te advierto otra vez que esto no se hace **en público.**

   2. Los estudiantes podían expresar sus ideas libremente **en público**.

III.　confiar

A. *intr.*

   1. Si no **hubiéramos confiado** en vuestras capacidades, no nos habríamos incorporado al proyecto.

   2. Esperemos cinco minutos más. **Confío** en que no lleguen tarde.

   3. Por favor, **confíen** en mí. Pueden contar conmigo para cualquier momento.

B. *tr.*

   1. El turista **confió** sus maletas a los empleados del hotel.

   2. La madre intuía que la hija tenía secretos que no le quería **confiar**.

   3. Estamos buscando alguien a quien podamos **confiar** el cuidado de nuestra mascota durante las vacaciones.

C. **confianza** *f.*

   1. Espero que no defraudes mi **confianza**.

   2. Estaban preocupados porque no tenían **confianza** en nuestras capacidades.

   3. Lo que impresionó la chica a los examinadores fue su **confianza** en sí misma.

IV.　comunicar

A. *tr.*

   1. **Comuníquennos** la hora y el lugar de la reunión tan pronto como los sepan.

   2. Recibió una llamada en la que se le **comunicó** la cancelación del vuelo.

   3. ¡Si pudiéramos construir una carretera que **comunicara** todos los pueblos de esta zona montañosa!

   4. Dicen que los indígenas **se comunicaban** con un código que solo conocían ellos.

B. *prnl.*

   1. —¡Buen fin de semana! **Nos comunicamos** el lunes por la tarde. ¿De acuerdo?

   2. Debido al covid-19, mucha gente hace teletrabajo y **se comunica** más por video.

3. A pesar de las diferencias culturales, hay valores comunes que permiten **comunicarse** a la gente de diversos países.

V. pretender *tr.*

1. **Pretendieron** en vano terminar la obra antes de la temporada de lluvia.

2. Por mucho que **pretendí** que aceptaran nuestra propuesta, no lo conseguí.

3. Fue una guerra entre los príncipes que **pretendían** el trono del emperador.

4. En la fiesta del Año Nuevo Luisa se encontró con el joven que la **había pretendido** en la facultad.

VI. fortalecer

A. *tr.*

1. Al gobierno le encantaría tomar cualquier medida que **fortaleciera** nuestra comunicación con los ciudadanos.

2. Sería muy importante **fortalecer** la vinculación entre el desarrollo económico y la reducción de la pobreza.

3. Dicen que estas plantas **fortalecen** la inmunidad contra la malaria.

B. *prnl.*

1. Tras esas adversidades, el muchacho **se fue fortaleciendo** poco a poco.

2. Recuperada de la enfermedad, la joven **se fortaleció**, lo que consoló mucho a sus padres.

VII. aceptar *tr.*

1. No se permite a los funcionarios públicos **aceptar** regalos cuyo valor supere 500 pesos.

2. Se ruega confirmar si **aceptan** esta invitación antes del 24:00 horas del día 1 de noviembre.

3. Tras pensar unos segundos, Luis **aceptó** acompañarme al concierto del sábado.

4. Gracias a sus excelentes calificaciones, **fue aceptado** en la facultad, aunque solo tenía quince años.

5. El anciano se puso muy molesto cuando el empleado del supermercado le dijo que **aceptaban** pagos en efectivo.

6. Para progresar, uno tiene que aprender a **aceptar** sus propios errores.

VIII. negar

A. *tr.*

1. Fueron años en que **negar** la existencia de Dios costaba la vida.

2. El gobierno fue perdiendo su prestigio porque **negó** en varias ocasiones evidencias muy claras.

3. El cantante **negó** con un rotundo no los rumores periodísticos según los cuales había cometido fraude fiscal.

4. El niño se echó a llorar cuando se enteró de que le **habían negado** su solicitud.

B. *prnl.*

1. Anunciaron que nunca **se negarían** a colaborar con esa fundación bajo ninguna circunstancia.

2. Quien **se niegue** a hacer el servicio militar obligatorio serán condenado a prisión.

IX. personal

A. *adj.*

1. El pintor ha ganado el premio por tener un estilo muy **personal**, que no le gusta a todo el mundo.

2. Son pertenencias de uso **personal**. Nadie tiene derecho a llevársela sin mi permiso.

3. Según mi criterio **personal**, esta es una política que beneficiará mucho a las clases baja y media.

4. La gente se queja mucho de que la empresa no haya cumplido con su promesa de proteger los datos **personales**.

B. *m.*

1) Sé que esta empresa está buscando **personal**. Puedes conectarte con ella si quieres.

2) El jefe de **personal** es quien se encarga de la gestión de los recursos humanos.

X. interpretar *tr.*

1. Aunque **he interpretado** varios papeles, este sería un serio desafío para mí.

2. Los que **han interpretado** padre e hijo en el teatro son dos actores muy conocidos.

3. ¿Es el Tribunal Supremo el organismo que tiene la competencia de **interpretar** la ley?

4. Llamamos a una agencia para contratar alguien que supiera **interpretar** del chino al inglés y español.

XI. trato, tratamiento *m.*

1. Quedamos muy agradecidos por el cordial **trato** con que nos recibieron

2. Condenamos enérgicamente los injustos **tratos** que les dispensan a los inmigrantes.

3. Se aprobó dar el **trato** de economía de mercado a nuestros productos de exportación.

4. Vos es una forma de **tratamiento** que se usa solo en algunos países de Sudamérica.

5. El enfermo se empeoró por no haber recibido un correcto y eficaz **tratamiento** oportuno.

6. Han inventado un **tratamiento** especial que protege estas piezas de hierro de la oxidación.

A. *adj*.

1) En el simposio se leyeron varias ponencias muy **críticas** con el actual sistema de protección social.

2) Sin espíritu **crítico** no se puede hacer una evaluación objetiva de la realidad social que nos toca vivir.

3) Sería absurdo bajar la guardia porque nos encontramos en el momento **crítico** de la lucha contra la pandemia.

B. *f*.

1) No trato con gente que se cree superior y rechaza cualquier **crítica** ajena.

2) ¿Cómo piensas responder a las **críticas** que han hecho sobre tu tesis?

3) ¿Con qué teoría de **crítica** literaria te propones analizar la última novela de Javier Marías?

GRAMÁTICA

Artículo neutro *lo*

El artículo lo se usa como neutro cuando no va seguido de sustantivos, a diferencia de otros artículos. Puede llevar un adjetivo, un grupo preposicional o una oración.

1) ... con los anticuerpos de la libertad de espíritu agudizada por el continuo aprendizaje de *lo racional* y *lo real*.

2) *Lo peor* no es que el oscurantismo niegue la ciencia y la racionalidad...

3) Nos repitió *lo de siempre*, sin ninguna novedad.

4) No nos importa *lo que digas*, sino *lo que hagas*.

Igual que otras formas neutras, el artículo neutro *lo* no presenta variaciones de número ni de género. Sustantiva las partes que le siguen, dándoles diversas funciones sintácticas y semánticas:

- **Referencial**:

5) Veo que no te gusta *lo nuevo*.

6) *Lo que* quiero es agua mineral.

- **Enfático**:

7) Nos sorprendió *lo difícil* que resultaba el examen.

8) Recuerdo *lo cómodo* que era viajar en un crucero.

Tenga en cuenta que la construcción de *lo + adjetivo + de* tiene sentido referencial mientras que *lo + adjetivo + que...* denota un matiz enfático.

9) Nos impresionó *lo extraño de* la situación.

10) Nos impresionó *lo seria que era* la situación.

Las oraciones subordinadas atributivas se pueden reconstruir con el *lo* neutro al frente del atributo antepuesto al verbo para darle mayor énfasis.

11) *Es cierto que* no son capaces de valorar la información más básica.

Lo cierto es que no son capaces de valorar la información más básica.

12) *Es justo que compensen* a las víctimas del accidente.*Lo justo es que compensen* a las víctimas del accidente.

TAREAS QUE SE EFECTÚAN EN CLASE

15–01

I.   **Escuche la grabación y conteste a las siguientes preguntas relacionadas con el contenido del texto.**

II.   **Sustituya las partes en cursiva por la estructura *lo + adj.***

1. Dicen que desde _____ *la cumbre* de la montaña se puede observar una maravillosa salida del sol en la madrugada

2. Muchos candidatos quedaron asombrados de _____ *la facilidad* de los exámenes de selectividad.

3. A Rosa Montero le preocupa que a muchos adolescentes le pueda parecer _____ *igual* informar que opinar.

4. No puedes imaginar _____ *la antigüedad* que es ese templo budista. Es nada más y nada menos Patrimonio Cultural de la Humanidad.

5. Un dicho chino dice: _____ *La dificultad* de todo es el comienzo. Así que no os desaniméis. _____ *La oscuridad* pronto pasará.

6. Vengo de Sichuan, pero soy un atípico de mi región, porque no me gusta nada _____ *la comida picante.*

7. El policía llevó al joven a la comisaría donde hizo una declaración _____ *del suceso.*

8. _____ *Es lógico que* mucha gente emigra a las grandes ciudades en busca de trabajo y mejor vida.

9. _____ *Fue espeluznante que* esa invención tecnológica se usara primero en la carrera armamentista.

10. Es necesario inspirarlos, motivarlos y enseñarles _____ *qué divertido* es ayudar a los más necesitados.

III. Traduzca las oraciones al español.

1. 咖啡或者茶的好处是累的时候可以给你提神，坏处是可能让你失眠。
2. 学外语的好处是让你能够和有不同文化背景的人交流。
3. 那个让他们身心都更加健康的疗法逐渐被接受。
4. 批判精神会大幅提升我们辨别是非的能力。
5. 所有人都承认，公众和私人事物之间应当有明确的界限。
6. 我认为理智的做法是听取大家的建议，冷静研究之后再下结论。
7. 那天的饭菜特别好吃，被我们一扫而光，我们还约定一周以后还去那个餐馆。
8. Luisa 一边在窗户旁边的桌子旁坐下，一边对服务员说："还是老几样。"
9. 在当时那种情况下，很难在理智和情感之间找到平衡点。
10. 令人难以置信的是，像牛顿那样的大科学家一边探索科学真理，一边相信星象等伪科学。

IV. Rellene los espacios en blanco con las siguientes palabras en su forma adecuada.

aceptar	comunicar(se)	confiar(se)	confianza	crítico	en público
fortalecer(se)	interpretar	multiplicar(se)	negar(se)	personal	
pretender	público	tratamiento	trato		

1. Estos días _____ las advertencias de las Naciones Unidas para evitar conflictos en la región.

2. El árbitro _____ que _____ (él) las normas de juego según la conveniencia del equipo anfitrión.

3. La oratoria es el arte de hablar _____ con elocuencia, con la finalidad de persuadir al auditorio.

4. Será duramente sancionado el funcionario _____ que divulgue los secretos que conozca en el ejercicio de su cargo.

5. El director de cine _____ conmigo preguntándome si quería _____ un personaje con graves problemas mentales.

6. _____ (ellos) que todo proyecto se adjudicara a través de un proceso de licitación _____ .

7. Como es sabido, hay formas de _____ que _____ en una cultura, pero se rechazan en otra.

8. Según el _____ del FAO, cada dólar invertido en la lucha contra el hambre puede _____ hasta por 20 veces en beneficios.

9. Si no se resolviera este problema, se vería muy perjudicada la _____ del pueblo en nuestro compromiso de buen gobierno.

10. Trate de estar acompañado y de _____ en alguien. Es mucho mejor que estar solo y reservado.

11. La chica escribió en su diario sus angustias _____ que no podía _____ a nadie.

12. _____ esas condiciones porque creían que a largo plazo _____ la integración económica _____ regional.

13. Estoy convencido de que la lectura nos ayuda a cultivar y _____ el espíritu _____.

14. Estos días son el momento _____ para ver los primeros resultados del _____ médico, así que no lo interrumpas.

15. Los organizadores del Abierto de Australia _____ darle un _____ de favor al tenista serbio Novak Djokovic en la vacunación anti Covid.

V. Traduzca al chino las siguientes oraciones de los textos A y B.

1. En Europa, el negacionismo de las vacunas nos hace vulnerables de nuevo, y en muchos de los responsables científicos y de salud pública se nota un desaliento que les agrava la extenuación de una lucha ya tan larga: es el desaliento ante esa propensión incorregible de muchas mentes humanas a no aceptar los datos de la realidad y a no ejercitar el raciocinio, a no ver lo que se tiene delante de los ojos, a recelar de las personas dotadas de conocimiento y credenciales contrastadas y entregar al mismo tiempo su confianza a estafadores, brujos, echadores de cartas.

2. La mente humana es tan propensa a la sinrazón que es preciso fortalecerla sin reposo con la disciplina del sentido común y del conocimiento, con los anticuerpos de la libertad de espíritu agudizada por el continuo aprendizaje de lo racional y lo real.

3. No sólo debería crearse una nueva asignatura en los colegios que enseñara a los niños a discriminar las falsedades, a desarrollar espíritu crítico y moverse por la selva de *fake news*, sino que también habría que poner clases nocturnas de repesca para mayores.

VI. Rellene los espacios en blanco con artículos y preposiciones o forma de preposiciones y artículo adecuados donde sea necesario.

El modo más cómodo _____ conocer _____ ciudad es averiguar cómo se trabaja _____ ella, cómo se ama y cómo se muere. En nuestra ciudad, _____ efecto _____ clima, todo ello se hace igual, con el mismo aire frenético y ausente. Es decir, que se aburre uno y se dedica a adquirir _____ hábitos.

Nuestros conciudadanos trabajan mucho, pero siempre _____ enriquecerse. Se interesan sobre todo _____ el comercio, y se ocupan principalmente, _____ su propia expresión, _____ hacer _____ negocios.

Naturalmente, también les gustan las expansiones simples: las mujeres, el cine y los baños _____ mar. Pero, muy sensatamente, reservan los placeres _____ el sábado después _____ mediodía y el domingo, procurando _____ otros días de la semana hacer mucho dinero. _____ las tardes, cuando dejan sus despachos, se reúnen _____ _____ hora fija en los cafés, se pasean por _____ determinado bulevar o se asoman _____ balcón. Los deseos de la gente joven son violentos y breves, mientras que los vicios de _____ mayores no exceden _____ las francachelas, los banquetes _____ camaradería y los círculos donde se juega fuerte _____ azar de las cartas.

(Fragmento de *La peste*, Albert Camus, Editora y Distribuidora Hispano Americana, S. A., Barcelona, 2005)

VII. Lea el texto y marque con ✓ la opción entre paréntesis que considere correcta.

En el ámbito académico el término *negacionismo* lleva tiempo cristalizando. No se incluye en él toda (crítica; sospecha) a los resultados científicos, puesto que esto (convertiría; convierte) en un negacionista a cualquier científico que (cuestionará; cuestionara), con buena base argumental o fáctica, una hipótesis ampliamente (recibida; aceptada).

Los negacionismos más (extendidos; ejercitados) hoy se refieren al cambio climático, a la existencia del virus de la covid-19, y a la efectividad de las vacunas en general.

Los negacionistas suelen defenderse diciendo que ellos (interpretan; representan) la actitud (crítica; dudosa) que debe predominar en la ciencia. Sin embargo, esto es una maniobra de despiste. No se debe (confundir; mezclar) el negacionismo con el sano escepticismo, que constituye un atributo (personal; propio) de la ciencia.

El negacionismo no (pretende; trata) poner en cuestión hipótesis científicas que no han sido (tratadas; contrastadas), sino que promueve más bien un rechazo dogmático y poco racional, frecuentemente por motivaciones emocionales e ideológicas, de tesis científicas bien establecidas acerca de determinados fenómenos. En otras palabras, los negacionistas (rechazan; reconocen) el consenso científico con argumentos ajenos a la propia ciencia, o sin argumento (ninguno; alguno), generando debates donde no hay a través de difundir ideas conspiratorias, menospreciar a especialistas o seleccionar a conveniencia los datos y análisis.

En la anti ciencia también encontramos la impugnación de hipótesis científicas o de hechos bien establecidos por la ciencia, pero hay en ella una actitud con (una característica; un carácter) más general. A su vez, las pseudociencias son disciplinas o teorías que pretenden ser científicas (para; sin) serlo en absoluto.

Ilustremos todo lo que acabamos de decir con el ejemplo de la pandemia:

- El que (niega; se niega) que exista la pandemia o el virus que la causa es un negacionista.
- El que (ignora; rechaza) las vacunas por creer que están hechas para dañar o para controlar a la gente tiene una actitud anticientífica.
- Los (medios; remedios) que se han propuesto contra la infección sin fundamentos científicos, como los homeopáticos, son pseudociencia.

(Fragmento de *Negacionismo, anticiencia y pseudociencias: ¿en qué se diferencian?*, *The Conversation*, 20 de enero de 2022)

15–02

VIII. Escuche la grabación y luego haga un resumen oral.

IX. Tema de debate.

¿Está de acuerdo con los criterios de los Antonio Muñoz Molina y de Rosa Montero?

UNIDAD 16
第十六课

TEXTO A

El edadismo

(Adaptación de *Una de cada dos personas en el mundo discrimina a los mayores por su edad*, Marta Pinedo, *El País*, 4 de junio de 2021)

Anuncios de cremas "anti edad" para prevenir cualquier signo de envejecimiento. Jóvenes sin empleo por su inexperiencia. Mayores aislados durante la pandemia. El telón de fondo de estas situaciones es el edadismo, un término que comprende los estereotipos, los prejuicios y la discriminación que ejercen unas personas sobre otras por su edad. Se trata de una dinámica de exclusión que afecta tanto a los mayores como a los jóvenes. La Organización Mundial de la Salud (OMS) alerta sobre todo de que la discriminación contra las personas mayores está cada vez más extendida: una de cada dos personas en el mundo es edadista contra los mayores. Además, una de cada tres afirma haber sido objeto de discriminación por edad en Europa, la única región de la que se disponen datos cuantitativos sobre la percepción de esta exclusión "invisible".

La discriminación por edad tiene efectos negativos en la salud. Según un estudio elaborado en Australia y Estados Unidos, las personas con actitudes negativas hacia su propio envejecimiento tenían un 20 % más de probabilidad de morir en los seis años que duró la investigación que las que tenían una concepción más positiva de sí mismas. Además, las personas que sufren discriminación por edad tienen más riesgo de adoptar hábitos de vida poco saludables, como una dieta desequilibrada, no tomar la medicación prescrita, consumir alcohol en exceso o fumar.

El edadismo también se asocia a una mala salud mental y a enfermedades como la depresión, entre otras. Un estudio en Alemania revela que los mayores que tienen una percepción negativa sobre su propia edad sufren un aceleramiento del deterioro cognitivo, mientras que una concepción positiva lo reduce. Este grupo de edad también tiende al aislamiento social. "Los mayores interiorizan el estereotipo de que la vejez es un periodo de soledad y evitan sufrir el rechazo que a veces sienten en un entorno con barreras para su participación".

El entorno determina la aparición de la discriminación por edad. "No nacemos edadistas, pero a los cuatro años empezamos a ser conscientes de los estereotipos que existen, los interiorizamos y van guiando nuestro comportamiento hacia personas de otras edades y hacia nosotros mismos". Dicen especialistas.

La OMS propone promover el contacto intergeneracional para combatir el edadismo. "Tener relación con miembros de otra edad nos confronta con los estereotipos que teníamos asumidos y nos hace replantearnos si eran falsos". Las experiencias de relación entre personas de diferentes edades que se han ensayado han sido positivas. Así lo corrobora un experimento que se llevó a cabo en Singapur en 2013, en el que se emparejó durante dos meses a jóvenes y mayores para jugar a videojuegos. Al final del experimento, todos los participantes se sintieron menos incómodos y más seguros con los miembros del otro grupo de edad.

El fortalecimiento de las políticas y las leyes contra la discriminación es otra pieza clave. "Que haya más legislación contra el edadismo hará que las personas sean más conscientes de este problema", señala la OMS. También subraya la importancia de crear una red de actividades educativas desde la escuela primaria hasta la universidad que destierren los prejuicios sobre los diferentes grupos de edad. "Los años no pueden definir nuestro acceso a recursos ni ser un factor que divida a las personas. La sociedad debe entender que este es un mundo para todas las edades".

TEXTO B

La brecha digital en la tercera edad

(Adaptación de *La brecha digital en la tercera edad, más allá del pasaporte COVID*, Sandra Vicente, *El País*, 8 de enero de 2022)

"¡Si yo soy una moderna! ¡Mira, luego te envío una foto de mi gato por el uatsat! ¡Que yo ya hacía llamadas en video antes de la pandemia!". Felisa tiene 89 años y vive en un pueblo del interior de Catalunya. Nos llamamos por teléfono, "directamente en el móvil, que fijo ya no tengo", dice, repitiendo que ella está hecha toda una moderna. Pero su conocimiento de las nuevas tecnologías acaba con el Whatsapp y alguna canción que busca en YouTube.

¿Y el pasaporte COVID? "Uf", exclama. "Me lo descargó el hijo de una vecina, y lo debo tener por el teléfono, pero vete a saber dónde", explica, resignada.

Felisa ha ido aprendiendo, con mucho esfuerzo, pero asegura que hay aspectos de la tecnología que la superan y cree que son "excesivamente complejos para sacar a los abuelos del medio". Y asegura que el pasaporte COVID es solo la punta del iceberg, porque esta discriminación comenzó mucho antes de la pandemia. Cuando se habla de brecha digital y tercera edad, el primer ejemplo que podría venir a la cabeza es la retirada de las cartillas y de los trabajadores de los bancos, sustituidos por cajeros automáticos y banca online.

Y la cosa va más allá. En ciudades como Barcelona, desde la pandemia, en los autobuses ya no se pueden comprar billetes sencillos si no se dispone de tarjeta de usuario —la mayoría de la gente mayor residente fuera del área metropolitana no la tiene—, sino que se debe realizar la gestión a través de una app o con un lector *contactless* de tarjetas de crédito. Esta deriva hacia la digitalización, si bien es necesaria, deja atrás a muchas personas en aspectos tan necesarios para la supervivencia como la salud o la economía.

"Todo el mundo nos dice que debemos esforzarnos nosotros, para no quedarnos atrás. Pero ¿no debería ser el Estado quien hiciera un esfuerzo para no dejarnos abandonados?", preguntó Felisa.

TAREAS QUE DEBE EFECTUAR EL ALUMNADO ANTES DE LA CLASE

I. **Consulte el diccionario español—español (o uno bilingüe en caso estrictamente necesario) para informarse de la acepción en que se usan en el texto los siguientes vocablos o grupos léxicos polisémicos y decir luego lo que significan en chino.**

edadismo	crema	estereotipo
dinámica	alertar	percepción
prescrito, ta	en exceso	interiorizar
entorno	confrontar	corroborar
emparejarse	desterrar	resignado, da
punta del iceberg	cartilla	cajero
metropolitano, na	deriva	

II. **Indique a qué se refieren las partes en cursiva y negrilla, y si es verbo, cuál es el sujeto.**

1. ... la única región de *la* que se disponen datos cuantitativos sobre la percepción de esta exclusión "invisible".

   la:

2. ... en los seis años que duró la investigación que *las* que tenían una concepción más positiva de *sí mismas*.

   las:

   sí mismas:

3. ... y evitan sufrir el rechazo que a veces sienten en un entorno con barreras para *su* participación.

   su:

4. "Que haya más legislación contra el edadismo *hará* que las personas sean más conscientes de *este problema*"...

   hará:

este problema:

5. ... "directamente en el móvil, que **fijo** ya no tengo",...

fijo:

6. ... —la mayoría de la gente mayor residente fuera del área metropolitana no **la** tiene—, sino que se debe realizar **la gestión** a través de una app...

la:

la gestión:

III. Encuentre los neologismos y préstamos que hay en los textos e indentifique cuáles ya están adaptados al español y cuáles no.

EJEMPLOS CON ALGUNOS VOCABLOS Y EXPRESIONES USUALES

I. prevenir *tr*.

1. Llevar mascarilla y lavarse las manos es esencial para **prevenir** la propagación de la covid.

2. Se creó en los años noventa un organismo especial para **prevenir** la corrupción.

3. El guía nos **previno** a los turistas contra la delincuencia.

4. El asesino está en la ciudad, ¡hay que **prevenirles** antes de que sea demasiado tarde!

II. objeto *m*.

1. En su colección personal hay muchos **objetos** muy raros.

2. Dicen que el submarino sufrió graves daños al chocar contra un **objeto** extraño.

3. El joven fue **objeto** de muchos elogios en su debut como jugador de primera división.

4. La manifestación tiene por **objeto** condenar la violencia de género, cuya mayor víctima es la mujer.

III. alertar

A. *intr*.

1. Los ecologistas **alertaron** al gobierno sobre las desastrosas consecuencias ambientales que tendría construir el embalse.

2. Si nos **hubieran alertado** a tiempo, se habría evitado esa catástrofe humanitaria.

3. Un buen sistema de prevención de emergencias consta de mecanismos para **alertar**, proteger y socorrer.

B. **alerta** *f.; adj.*

1. Todo el pueblo se mantuvo **alerta** toda la noche por si se producía otra réplica de terremoto.

2. Estamos **alertas** para no dejar pasar las oportunidades.

3. Hay **alerta** roja por temporal en todo el norte. Se han cancelado muchos vuelos.

4. Los sanitarios se pusieron en **alerta** ante la amenaza de una nueva ola de pandemia.

IV. adoptar *tr.*

1. El Estado debería **adoptar** las medidas necesarias para que sus ciudadanos ejercieran todos sus derechos.

2. Si se pudiera **adoptar** el principio de quien contamina paga, se mejoraría considerablemente la calidad medio ambiental.

3. La forma de vivir que **adopta** un pueblo está muy relacionada con el entorno en que vive.

4. El matrimonio no fue al país de turismo, sino para **adoptar** a una niña.

V. combatir

A. *intr.*

1. ¿Cómo se llamaban los héroes que **combatieron** contra los colonizadores en el norte del país?

2. San Martín dejó de **combatir** contra los españoles y cedió la gloria como libertador a Simón Bolívar.

B. *tr.*

1. Hace falta tomar medidas más eficaces para **combatir** la trata de niños y mujeres.

2. El nuevo gobierno anunció su compromiso de **combatir** la pobreza con recursos tanto nacionales como internacionales.

VI. asumir *tr.*

1. La ONU llamó a los países involucrados a **asumir** el compromiso por la solución del conflicto por las negociaciones.

2. Según las últimas encuestas, si se convocaran elecciones ahora, el partido de la oposición **asumiría** el poder.

3. Yo que tú, **asumiría** un papel más activo en el cuidado de tus hijos.

4. Quien **asuma** el cargo de director general tendrá que enfrentarse a los nuevos desafíos de la empresa.

VII. clave *f.*

1. La **clave** del enigma se encuentra en las notas a pie de página.

2. La **clave** está en buscar un equilibrio entre vida personal y trabajo.

3. Nadie triunfa solo por su talento, el esfuerzo constituye otro elemento **clave**.

4. El ministro del Interior y el de Hacienda suelen ser los hombres **clave** de un gobierno.

VIII. dividir(se)

A. *tr.*

1. El dueño **dividió** el pastel en diez partes y las repartió entre los invitados.

2. Si los estudiantes son numerosos, el profesor nos **dividirá** en dos grupos.

3. Fue la discrepancia de criterios la que **dividió** al partido.

B. *prnl.*

1. En términos generales, China **se divide** en dos partes: la del norte y la del sur.

2. En caso de que haya dos galardonados, la cuantía del premio **se dividirá** en dos partes iguales.

3. Los españoles **se dividen** en dos grupos irreconciliables ante un tema de extrema importancia: la tortilla de patatas con o sin cebolla.

IX. resignarse *prnl.*

1. Es cierto que hemos sufrido la mayor sequía de la historia, pero no debemos **resignarnos** y aceptar sin más esta situación.

2. Ahora todos los trámites del banco son telemáticos, pero el anciano, lejos de **resignarse**, empezó a reunir firmas para protestar.

3. Ante los recortes sociales, muchos ciudadanos se limitaron a **resignarse**.

X. exceso

A. *m.*

1. El **exceso** de consumo de licor hace daño a la salud.

2. El pasajero preguntó si podría pagar el **exceso** de equipaje con tarjeta de crédito.

3. Está claro que muchas enfermedades se deben a **excesos** en la alimentación.

B. **excesivo, va** *adj.*

1. Está comprobado científicamente que un consumo **excesivo** de dulces genera obesidad.

2. Nos inquietó la excesiva atención que prestaban a la llamada dieta sana.

C. **excesivamente** *adv.*

1. El presupuesto que han elaborado nos parece **excesivamente** alto. Tenemos que buscar otra alternativa.

2. No aceptaron nuestra propuesta porque la consideraban **excesivamente** complicada.

XI. sencillo, lla *adj.*

1. Quisiera que nos recomendaran unas lecturas más **sencillas** para promover la lectura.

2. Aparentemente la novela tiene un lenguaje **sencillo**, pero tiene más profundidad de lo que parece.

3. El matrimonio, que llevaba una vida **sencillísima**, donó mucho dinero a obras de caridad.

XII. esforzarse *prnl.*

1. Nos dijeron que por mucho que **nos esforzáramos**, no alcanzaríamos nuestro objeto.

2. Al saber la noticia, **me esforcé** mucho para mantener la calma, pero me fue imposible.

3. El presidente prometió que su gobierno **se esforzaría** por mejorar la calidad de educación.

GRAMÁTICA

Las interjecciones

Según el diccionario de la RAE, la interjección es "una clase de palabras invariables, con cuyos elementos se forman enunciados exclamativos, que manifiestan impresiones, verbalizan sentimientos o realizan actos de habla apelativos".

Cuenta con dos características:

- La invariabilidad: no tiene cambios formales de género ni número y funciona como frase independiente.

- La exclamación: se emplea para expresar sentimientos, impresiones o reacciones que formulamos respecto a comportamientos o relaciones sociales. En la lengua coloquial, exige un tono exclamativo, mientras que en textos escritos, está acompañada por los signos de exclamación.

Hay dos grupos de interjecciones: las propias y las impropias.

1. Interjecciones propias: son aquellas que no ejercen ningún otro papel gramatical y que presentan un cuerpo fonético simple.

Interjección	Usos	Interjección	Usos
¡Ah!	expresar miedo, pena, admiración o sorpresa	¡Hola!	saludar o llamar la atención
¡Ay!	expresar pena, dolor, temor, etc. o sorpresa	¡Ojalá!	expresar deseos
¡Bah!	expresar indiferencia o desdén	¡Puaj!	expresar asco
¡Eh!	llamar, preguntar o despreciar	¡Uf!	expresar pereza, cansancio, fastidio o sofoco
¡Guay!	expresar satisfacción o admiración	¡Uy! o ¡Huy!	expresar peligro o denotar dolor físico, vergüenza o asombro

2. Interjecciones impropias: son aquellas que se crean con palabras de otras categorías, como nombres, verbos, adjetivos o adverbios.

Interjección	Usos	Interjección	Usos
¡Ánimo!	infundir fuerza o energía a alguien	¡Diablos!	expresar enojo, sorpresa o disgusto
¡Bravo!	congratular o dar la enhorabuena	¡Formidable!	expresar admiración o aprobación
¡Caramba!	expresar admiración, sorpresa o enfado	¡Ja, ja!	imitar la risa, como negación, incredulidad o burla
¡Caray!	expresar admiración, sorpresa, disgusto o enfado	¡Madre mía!	expresar sorpresa o admiración
¡Cielos!	expresar sorpresa o contrariedad	¡Ojo!	prevenir o señalar
¡Cuidado!	prevenir	¡Oiga! ¡Oye!	llamar la atención de alguien, en ocasiones por enfado, extrañeza o protesta
¡Dios! ¡Dios mío! ¡Por dios!	expresar melancolía, asombro, admiración, disgusto o enfado	¡Vaya!	expresar satisfacción o disgusto

TAREAS QUE SE EFECTUÁN EN CLASE

16–01

I. Escuche la grabación y conteste a las siguientes preguntas relacionadas con el contenido del texto.

II. Complete las frases con las interjecciones adecuadas. Trate de usar diferentes, aunque hay algunas repetidas.

1. ¡_____! ¡Cómo nos divertíamos en el parque de atracciones! Me gustaría volver.

2. ¡_____! Nunca se me había ocurrido una idea así.

3. ¡_____! ¡Menudo daño te han hecho! ¿Por qué no los denuncias?

4. ¡_____, qué pastel de cumpleaños más bonito! Muchísimas gracias por esta sorpresa.

5. "¡_____, _____! De este problema lo hablaremos otro día". Nos interrumpió, se puso de pie y se fue.

6. ¡_____! ¡Qué calor más sofocante! Si no lloviera esta semana, estaríamos todos asados.

7. ¡_____, _____! ¡Cómo te atreviste a decir una palabrota en un acto diplomático!

8. ¿Se ha clasificado Guinea Ecuatorial en el cuarto final de la Copa de África? ¡_____! ¡_____!

9. ¿Proponen postergar la lectura de tesis de toda la promoción? ¡_____! ¡Qué tontería!

10. ¡_____! ¡_____! No sabes en qué lío estamos. Llevo días sin dormir buscando soluciones.

11. La mujer levantó los ojos al cielo y pensó: "¡_____! ¿Qué he hecho para merecer semejante castigo?

12. El uso de mascarillas sí puede ayudar a combatir la epidemia, pero ¡_____!, no todas valen. Hay que optar por las ligeras y que tengan filtro.

13. Nos acercamos a las sillas cuando vimos un papel que decía: ¡_____ con la pintura!

14. ¡_____! Por la pandemia, hemos pasado tres meses confinados en casa.

15. ¡_____, qué horror! La lava del volcán ha llevado por delante todo lo que ha encontrado a su paso.

16. ¡_____, _____! Rafael Nadal ya se sitúa a la cabeza del ranking de los campeones de Grand Slam, por delante de Federer y Djokovic.

17. —¡_____! ¡Tengo tantos problemas estos días!

   —¡_____! Todo se arreglará.

18) ¡_____! Se me ha olvidado el móvil en casa.

19) ¡_____! Por favor, ¿podría decirme cómo se va a la Estación Central?

20) —¡_____, señorita! Se le ha caído la cartera.

   —¡_____, sí! Muchas gracias.

III. Complete las oraciones con las palabras que se dan a continuación en la forma más adecuada.

> *alertar   asumir   clave   combatir   dividir   esforzarse*
>
> *exceso   objeto   prevenir   resignar   sencillo*

1. La compañía de seguros no _____ la responsabilidad cuando se produce un accidente por _____ de velocidad.

2. El recepcionista _____ a los clientes de guardar sus _____ valiosos y documentos personales en la caja fuerte.

3. Por curiosidad, ¿cuál cree que es la _____ del triunfo del joven tenista?

4. Los hábitos de vida saludables son un elemento _____ para _____ o minimizar la depresión.

5. Me gustaría _____ (les) que nada hay peor que la _____ cuando uno sufre sucesivas derrotas.

6. Los alumnos _____ en dos grupos: los que dieron _____ importancia a los exámenes y los que se los tomaron muy a la ligera.

7. Frente al edadismo y la xenofobia, no hay que _____ , sino _____ (los) con recursos legales.

8. Con un discurso muy _____ , pero sumamente alentador, el héroe nacional llamó a sus compatriotas a _____ con tenacidad contra los invasores.

9. Por mucho que _____ el presidente, no pudo evitar que _____ el partido.

10. Son gente _____ , pero no ingenua. Estás equivocado si crees que pueden ser objeto de tus abusos.

IV. Parafrasee, en español y con sus propias palabras, las oraciones extraídas de los textos A y B en español.

1. ... la discriminación contra las personas mayores está cada vez más extendida.

2. ... la única región de la que se disponen datos cuantitativos sobre la percepción de esta exclusión "invisible".

_____

3. Los mayores ... evitan sufrir el rechazo que a veces sienten en un entorno con barreras para su participación.

_____

4. Tener relación con miembros de otra edad nos confronta con los estereotipos que teníamos asumidos y nos hace replantearnos si eran falsos.

_____

5. ... y cree que son "excesivamente complejos para sacar a los abuelos del medio".

_____

V. Traduzca al español las siguientes oraciones.

1. 天啊！这些孩子为了参加奥运会多努力啊！

2. 唉！真丢人！他们还让我继续吃那些药，虽然一点用都没有。

3. 啊！这太不公平了！你怎么能忍得了。赶紧给消费者协会打电话！

4. 加油！谁都不是靠天赋成功的。关键是要坚持、谦逊和自信。

5. 天啊！他们公开说只招聘有工作经验、年龄在 30 至 40 岁之间的职员。这就是百分之百的年龄歧视。

6. 我的妈呀！这些小孩太有教养了！告诉我你怎么做到的！

7. 小心！在传统文学里会读到许多应当消除的对女性的偏见。

8. 哈哈！你相信他们跟你说的？希望你三思而后行。

9. 啊？真的？这么说我只能通过网络和手机程序预订了！这不纯粹是歧视嘛！我们这些不会使用网络和手机程序的人怎么办？

VI. Ponga los verbos entre paréntesis en el tiempo y persona correspondientes, o en una forma no personal.

Mientras _____ (cruzar, ellos) el parque hacia la calle Mallorca, _____ (alejarse) ya de la Sagrada Familia, Sergio se atrevió a comentar que la visita lo _____ (decepcionar). La construcción que _____ (ver, ellos) no se parecía en nada a la que él _____ (guardar) en su recuerdo, y estaba dispuesto a apostar, aunque _____ (perder), que Gaudí, si _____ (volver) a la vida, si _____ (salir) de su tumba con las magulladuras y las cicatrices del tranvía que lo mató, _____ (plantarse) con espanto frente al proyecto más importante de su vida y _____ (decir): «¿Pero qué _____ (hacer) con mi iglesia?». Sergio sabía que en esa opinión pesaba demasiado la nostalgia de un recuerdo de juventud, aquella visita de 1975 en que pisó por primera vez el país que _____ (echar) a su

padre.

Ahora veía el lago que parecía salido de un pesebre, los vendedores públicos, las calles del Ensanche y sus filas infinitas de plátanos de sombra; veía a los turistas tan numerosos que _____ (entorpecer) el paso de los transeúntes, menos individuos que grandes rebaños cuyos buses descomunales _____ (proyectar) en la acera sus siluetas cuadradas.

Y le dijo a Raúl: «Es que yo _____ (acordarse) de otra cosa».

Se acordaba de un día de cielos limpios, muy _____ (parecerse) al que _____ (tener) ahora: este cielo que les impedía meterse al metro e incluso buscar un taxi. Era verdad que _____ (tener) que volver al hotel, encontrar un restaurante para almorzar —pero no cualquiera, sino uno que _____ (celebrar) el hecho de estar aquí, en Barcelona, juntos, un padre y un hijo _____ (hablar) de todo y de nada— y tener un par de horas para descansar antes de la sesión de la tarde en la filmoteca.

(*Volver la vista atrás*, Juan Gabriel Vázquez, pp.121-122, ePublibre, 2021)

VII. Lea el texto y marque con ✓ las opciones entre paréntesis que considere correctas.

La campaña de (reunión; recogida) de firmas que ha lanzado el valenciano Carlos San Juan de Laorden para exigir atención (individual; personal) en las sucursales bancarias ha tenido un impacto social insólito. Su éxito (revela; descubre) alguna falla de fondo y demasiado invisible: la brecha digital debería dejar de ser un (típico; tópico) fino de la conversación (abierta; pública) para convertirse en el signo de un abandono egoísta por parte de la nueva sociedad. "Tengo casi 80 años y me entristece ver que los bancos (se han olvidado; han olvidado) de las personas mayores como yo. Ahora casi todo es (con; por) internet", arrancaba la petición de este urólogo que ya (asume; suma) más de 350 000 firmas en la plataforma Change.org.

El rápido apoyo recibido por esta iniciativa evidencia una demanda creciente por una parte de la sociedad que no exige nada (demasiado; poco) subversivo: no ser dejada (al lado; de lado) por las entidades financieras cuando captar sus pequeños ahorros ha perdido ya interés para ellas (ante el; delante del) bajo precio del dinero. Decenas de miles de personas se han sentido (reflejadas; vistas) en el "soy mayor, pero no idiota" de San Juan y quizás son solo una parte de las muchas más que hacen cola (afuera; fuera) de las sucursales bancarias todavía abiertas, a la espera de ser (atendidas; recibidas) en franjas horarias reducidas o pidiendo ayuda a desconocidos para pagar un recibo a través del cajero.

El problema no (influye; afecta) solo a los bancos. La brecha digital se ha convertido en un nuevo factor de (exclusión; rechazo) social; una especie de analfabetismo del siglo XXI que la pandemia de la covid-19 y el proceso acelerado de digitalización han intensificado en casi todos los (campos; ámbitos) de la vida cotidiana. Un 35 % de la población se siente víctima de lo que se denomina apagón digital. La expresión no solo (designa; alerta) el hecho de no disponer del instrumental apropiado, sino el de (escasear; carecer) de una conexión adecuada o de las (capacidades; habilidades) necesarias para su manejo. Esa brecha podría intensificarse en los próximos años cuando el nuevo modelo de recuperación ponga la digitalización en el (medio; centro) de la vida social.

El proceso de digitalización debe (defender; proteger) tanto a quienes están menos familiarizados como a quienes están excluidos del acceso a una buena conexión y a un móvil apto. El sector (estatal; público) en todos sus niveles deberá preservar durante el tiempo que (hará; haga) falta servicios presenciales de atención que faciliten trámites administrativos, médicos, económicos o legales. La digitalización como espacio de confort de las nuevas generaciones no debería ser la contracara de la (angustia; relajación) de quienes no pueden o no saben (comportarse; manejarse) en la esfera digital.

(Adaptación de *Soy mayor, pero no idiota,* Carlos San Juan, *El País*, 23 de enero de 2022)

16–02

VIII. Escuche la grabación y luego haga un resumen oral.

IX. Temas de debate.
1. ¿Qué opina del edadismo?
2. ¿Qué propone para combatir la discriminación por la edad?